NEW THINKING ON CAPITAL

新资本思维

如何开一家值钱的公司

徐新颖 ◎ 著

图书在版编目 (CIP) 数据

新资本思维：如何开一家值钱的公司 / 徐新颖著. —北京：当代世界出版社，2017.7
ISBN 978-7-5090-1253-6

Ⅰ.①新… Ⅱ.①徐… Ⅲ.①企业经营管理 Ⅳ.① F272.3

中国版本图书馆 CIP 数据核字（2017）第 187200 号

书　　名：	新资本思维：如何开一家值钱的公司
出版发行：	当代世界出版社
地　　址：	北京市复兴路 4 号（100860）
网　　址：	http://www.worldpress.org.cn
编务电话：	（010）83907332
发行电话：	（010）83908409
	（010）83908455
	（010）83908377
	（010）83908423（邮购）
	（010）83908410（传真）
经　　销：	全国新华书店
印　　刷：	大厂回族自治县彩虹印刷有限公司
开　　本：	710 毫米 × 1000 毫米　1/16
印　　张：	16.75
字　　数：	170 千字
版　　次：	2017 年 10 月第 1 版
印　　次：	2017 年 10 月第 1 次
书　　号：	ISBN 978-7-5090-1253-6
定　　价：	58.00 元

如发现印装质量问题，请与承印厂联系调换。
版权所有，翻印必究，未经许可，不得转载！

推荐序

很开心我的好伙伴、我生命中的知已新颖又出新书《新资本思维》，新颖写本书的初心是在第一本书《做一家值钱的企业》基础上更系统化地升华和迭代，让每一位读者朋友都能有机会把握时代的脉搏，开启商业领域高段位的思维：新资本思维，从而让自己的人生与事业拥抱更大的丰盛和卓越。

时光如梭，我和新颖创办的圣商集团即将举办三周年的庆典，圣商公司由一家注册资本100万的初创企业成长为拥有一家香港主板上市公司、两家新三板挂牌公司、旗下员工近3000人、年收入超过30亿、集团总资产35亿、估值60亿的集团公司。旗下新零售板块汇银智慧社区（股票代码HK01280），已成长为华东地区全球优选商品体验店模式第一品牌，目前正在向全国扩张；医疗板块已经拥有14家医院；圣商商学成为中国上市与股权投资培训领域的绝对领先品牌；圣商资本成功参投了蚂蚁金服、蔚来汽车、神州优车、万达电影、步长制药、分众传媒、如家酒店等超级明星项目，管理资金规模近20亿；圣商慈善2017年帮助的学生人数超过500人，各类慈善捐款累计超过600万元。接下来的三年，圣商集团将迈向千亿市值之路，接下来的十年，圣商集团将迈向万亿市值之路，冲刺世界500强。回顾过去，展望未来，我们可能做对了很多事，其中最重要的因素之一就是我们决策团

新资本思维： 如何开一家值钱的公司

队在用"新资本思维"引领这个集团，新产业资本思维、新金融资本思维、新创新资本思维并行，创办值钱的公司而不仅是赚钱的公司。值钱和赚钱一字之差，千里之别！

新颖和很多作者的最大不同，就是他是一个实践者，知行合一，有理论、有成果。他用"新资本思维"带领集团在不到三年的时间里成长为近百亿估值的集团公司，旗下三家公众公司，并成为多个细分市场的领先企业，成为值钱的公司。因此，这本书的实践性、落地性都比较强。

还是要谈谈新颖这个人，他是一位值得大家交往的朋友，一位值得学习的导师，更是一位值得追随的领导人！他有宁可天下人负我，我也绝不负天下人的责任心，有教育家的道德洁癖和干净灵魂，同时又有一个实战家的高效行动力和执行力，还是一个创新无限的商界奇人，更是一个胸怀家国天下的理想家！相信当您用心品味这字里行间，作者的心灵、胸怀、智慧就会自然流淌出来，美不胜收！

圣商集团董事长

2017年9月1日于上海

自 序

以书会友,感恩遇见。这本书是我前一本书《做一家值钱的企业》的升华版。因那本书是第一次将实战经验呈于纸上,文字较为青涩,而这本书相对而言集合了更多最新的实战案例,希望读者能从正面的、更有价值的角度去探寻、去感知、去收获,而后将所获智慧用到自己的企业发展和职业生涯中,使自己及企业更加精进。

新颖虽不是职业作者,却是优秀的职业经理人(11年前就月薪超10万),是优秀的创业者(创办的企业不到三年市值近百亿),还是优秀的基金管理人(参与管理的16支基金,目前没有一支亏损)。写这本书的初衷,就是想把自己做企业这么多年的心得体会和原创思想分享给更多有缘人,让更多有志创业的读者能够用资本思维武装自己,从容地参与激烈的市场竞争。有一个不争的事实,在懂资本的人面前,不懂资本的企业家几乎只能任人鱼肉,最近几年滴滴打车的强势崛起、摩拜单车等新的独角兽企业极速扩张,这些绝对不是产品利润思维所能成就的。

本书用浅显易懂的方式讲明白了值钱和赚钱的区别,讲明白了资本利润和产品利润的天壤之别,还列举了大量值钱公司的案例,相信读者可以从中获益。虽然经过多次审稿、修改,但还难免有瑕疵,还望

新资本思维： 如何开一家值钱的公司

读者多多包涵。在此感恩龙江姐姐协助我审稿并给出非常宝贵的意见，感恩编辑的辛勤付出，谢谢所有为该书出版贡献智慧和劳动的人。

2017年9月8日

前 言

关于如何"做企业"的话题,从有企业的那天起就没有中断过,在全球经济、科技、社会不断发展的历程中,我们能够清晰地看到企业经营发展的显著变化。20世纪的企业与当今的企业呈现出明显不同,这种不同反映在以下几个方面:首先是体量的不同,过去的企业市值与如今的企业无法相比,甚至可以说差距极大,20世纪市值上亿的企业就算很大的企业了,而当今市值上亿的企业比比皆是;其次是成长速度的不同,过去企业想要成长壮大需要经过相当长的时间,而如今这个时间段甚至可以缩减到一年内。很多行业的龙头企业"企龄"很年轻,它们依靠的就是快速长大,比如共享单车行业的摩拜单车;最后是企业对待"盈利"态度的不同,过去的企业视利润为生命,企业的所有经营行为都围绕盈利进行,而当今很多企业则完全不同,它们所提供的产品或服务都是免费的,它们的年收入出现亏损,但是却活得很好。

为何会出现上述这些不同?如果从经营企业的角度来看,是因为做企业的人对待企业未来发展的思路发生了变化,这种变化潜移默化地影响着当今企业的发展进程。本书就是从这些变化出发,从战略的层面为读者揭示当今那些成功的明星企业在经营活动中的共性特征,以及它们独特的经营思路与模式。

新资本思维： 如何开一家值钱的公司

作者根据自己长期辅导企业的经验与心得，创新性地总结出了一整套现代企业经营管理的方式方法，那就是"值钱企业"的经营法则。本书以做值钱企业为核心，阐述了"值钱企业"的经营思维、组建"值钱的团队"、拿到"值钱的钱"、在研发运营方面重磅投入、兼并收购，同时还包括赚钱与值钱思维的对比，以及值钱企业的养成观。在本书的表现手法上，作者采用了理论与实操案例相结合的方式，把枯燥的理论变得具有很强的可读性。不夸张地讲，读者可以把本书看成是一本具有"颠覆"意义的新企业经营方法论。

目 录

PART 1　赚钱企业 VS 值钱企业　　//001

何为"赚钱"？何为"值钱"？　　//003
赚钱的企业不一定值钱，值钱的企业一定赚钱　　//007
资本利润 KO 产品利润　　//013
赚钱企业与值钱企业的利益分配差异　　//022
基因决定思维，思维导向结果　　//025

PART 2　值钱企业养成观　　//031

传统行业里的企业能"值钱"吗？　　//033
资本市场是值钱企业的终极归属地　　//043
游离于资本市场门外的值钱企业　　//048

PART 3　做值钱企业的五个步骤　　//057

步骤一：拥有值钱的思维　　//059
步骤二：组建值钱的团队　　//078
步骤三：拿到值钱的钱　　//113

新资本思维： 如何开一家值钱的公司

步骤四：在研发、运营层面重磅投入　　//152

步骤五：伺机并购　　//178

PART 4　值钱企业养成之路　　//205

值钱企业的三大标准　　//207

坚信自己伟大的梦想　　//217

挖人、抢人、诱惑人　　//223

融到花不完的钱　　//229

完善顶层股权设计　　//236

以上市为目的设计并购计划　　//241

一切围绕合法的3000万元账面利润开展工作　　//248

尾声　做值钱企业，改组企业基因　　//253

PART 1

赚钱企业 VS 值钱企业

新资本思维： 如何开一家值钱的公司

我们都知道，所谓企业，就是指以盈利为目的，运用各种生产要素（土地、劳动力、资本、技术和企业家才能等），向市场提供商品或服务，实行自主经营、自负盈亏、独立核算的法人或其他社会经济组织。在企业的这个概念里最为重要的就是"盈利"，"盈利"即"赚钱"，它是所有企业立身于世所追求的根本。但是，随着社会的发展，新市场、新技术、新模式、新需求以及新的竞争环境的出现，很多原本赚钱的企业生存越发艰难，最终退出了行业舞台。究其原因固然有外在客观因素的影响，但更多的还应当从企业自身去审视。我们发现，那些赚钱的企业之所以都经历从盛到衰的相似过程，是因为在它们身上有一个共同的特质——企业尽管赚钱，但却并不值钱。与此恰恰相反的是：那些在新的市场环境里顺应发展潮流，最终获得成功的企业不仅赚钱，而且值钱。

那么"赚钱"与"值钱"的区别到底在哪里呢？在本书的第一部分，我们就来深入地剖析这个问题。

何为"赚钱"？何为"值钱"？

一直以来，人们固有的观念认为任何赚钱的企业都是好企业，但在资本的眼里却并不是这样，很多正在赚钱的企业并没有得到资本的青睐，因为它们并不值钱。

如果给资本出一道选择题：一个拥有优秀主厨的中国餐厅两个月就实现了盈利；另一个花费了几百万研究标准流程的餐厅做了一年还不赚钱。让资本对这两个餐厅进行投票的话会出现什么结果呢？

让我来告诉你，资本一定会支持后者。这是因为在资本眼里，第一个餐厅是很快能赚钱的企业，但成败取决于主厨一人，风险太大；而第二种才是有价值的企业，因为第二种餐厅扩张起来更快、成本更低。

从上面的案例中，我们能够对赚钱企业与值钱企业在资本眼中的区别有一个直观的感受。对于资本眼中的赚钱企业，一般有以下几个特点。

第一，经营业务范围偏向区域化。赚钱企业的一个最普遍的特征就是经营业务范围区域化，比如京津冀区域等，这类企业主攻的是某个地区的市场，也正因此一开始就被束缚在发展区域内，发展潜力受到很大影响。

图 1-1 大黄蜂打车品牌标识示意图

当年的大黄蜂打车，是唯一一家能够在上海、广州和快的、滴滴分庭抗礼的公司，其经营策略从一开始就是做区域品牌，也就是说尽管大黄蜂在全国干不过快的、滴滴，但它把资源都放在上海和广州这两个一线城市，在区域市场里，能与快的、滴滴平分天下，这说明大黄蜂也是相当了不起的。但它的这个区域战略也正是其发展的短板，因此大黄蜂最终也难逃被收购的命运。

第二，产品是采用单独销售的模式，并且消费频次偏低。采用这种模式经营的企业非常多，以传统企业为主。这些企业所采用的销售方式都是死磕大客户，因为大客户的利润更高，可以提高营业收入，但是这种做法的代价就是把所有精力都花在了销售环节。然而，随着资本时代的到来，资本对于企业的考核标准不再是营收，而是集中在用户价值和用户增长上，很显然以这个标准而言，这类企业无法获得资本的青睐。

第三，有利润却没有前景。赚钱企业最大的短板在于尽管能够通过产品销售获得利润，但从用户导入到用户流出可能只有一单买卖，用户忠诚度低、流失率高，无法做用户的终身生意。

这就是赚钱企业的共同特征。那么，在资本眼中，值钱的企业究竟是什么样子呢？通常资本对值钱企业的衡量标准并非现金流，而是数据带来的无限想象力。举个简单的例子，很多人都炒股，那么你愿意投资一个未来市场空间是100万元的公司，还是愿意投资一个未来市场空间是100亿元的公司？答案不言自明。资本的眼光与此颇为类似，它的目的是通过股权投资放大企业价值，加速企业生长，最终通过上市、并购的手段实现资本的增值，因此资本一定会青睐那些有故事、能够创造出新的想象力的企业，简单而言，这就是资本眼中的值钱企业。

值钱企业具有以下几个特点。

第一，占据行业的龙头位置。值钱的企业必须要有格局，不看重眼前的蝇头小利，做企业的初始目标一定是占据行业份额，而不是现金流。对于资本而言，现金流并不那么重要，抢占了市场份额之后，现金流只是早晚的问题。

值钱企业的价值在于无限的想象力，这种想象力来源于用户和用户背后的经济价值，如果企业能选择一个好的切入点，并快速利用资本获得大量用户数据，从而建立在本行业内的品牌和地位，逐渐形成市场份额的抢占优势，那么它无疑就是一家值钱的企业。比如京东，它的模式就是对值钱企业最好的诠释。它运用资本的力量迅速扩张甚至

新资本思维：如何开一家值钱的公司

自建物流，京东的方式让后来的电商竞争者们无法承受高昂的竞争成本，也奠定了其在电商行业里的龙头地位。

第二，值钱企业所在的行业里有巨大的现金流。值钱企业的另一个共同点是其所在的行业市场是"有钱的市场"用户是"有钱的用户"。它们在这个市场里用简单低价的方式去获取用户，因为值钱的企业都知道：如果在交易的整个链条内没有巨大的流量，那么企业就会陷入非常尴尬的境地。比如"墨迹天气"，尽管用户数量巨大，但在这个市场里没有现金流，用户看天气是刚需，但却无法产生消费，所以一直到现在墨迹天气都还不能被看作是值钱的企业。

第三，值钱企业的产品具有强大的替代创新力。所谓的替代创新力指的是通过专业技术研发替代性产品的能力，比如数码相机天生就是替代胶卷相机的、水笔天生就是替代钢笔的……这些都属于专业技术领域的替代。比如微信刚诞生的时候，三大运营商根本没有把它放在眼里，但是今天看来，微信撬动了电商、支付、通信、营销等各个领域，几乎替代了同宗的QQ成为用户社交的首选。能够生产出这样产品的企业无疑是值钱的企业。

通过赚钱企业与值钱企业特征的对比，我们不难看出资本眼中赚钱的企业和值钱的企业之间的区别。所有的企业都需要赚钱，这是无可争议的，只是时代不同了，生意也不同了，消费层次更是千变万化。因此，我们也可以把这些区别看作是在变化中越做越强的企业与在变化里销声匿迹的企业之间的不同之处，赚钱or值钱，从这里我们能够窥到一丝端倪。

PART 1　赚钱企业 VS 值钱企业

赚钱的企业不一定值钱，值钱的企业一定赚钱

对比赚钱企业与值钱企业，我有这样一句话要告诉读者朋友们："赚钱的企业不一定值钱，值钱的企业一定赚钱。"这句话颠覆了大多数人对企业的固有认识。作为企业老板，到底应该开一家赚钱的企业还是值钱的企业？作为投资者，应该投资赚钱的企业还是值钱的企业？作为工薪阶层，应该用青春和热血去为值钱的企业工作还是为赚钱的企业工作？这些都是非常重要的、关乎命运的选择题。

让我们来看下面这个案例。

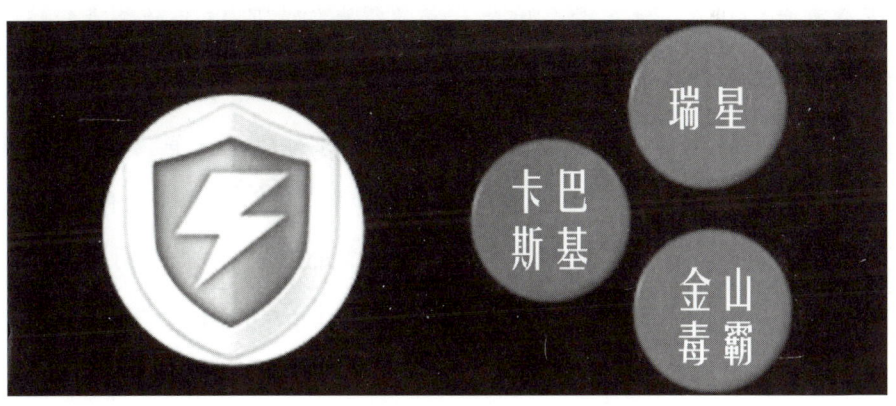

图 1-2　杀毒软件行业的值钱企业与赚钱企业

我们都听说过在杀毒软件行业著名的几家公司：金山毒霸、瑞星、卡巴斯基，它们都是非常成功的企业，每年的收益惊人，当然这是在

新资本思维： 如何开一家值钱的公司

另一家叫360的企业出现之前。

奇虎360由周鸿祎于2005年创立，是一家互联网和手机安全产品及服务供应商。奇虎360致力于提供高品质的免费安全服务，旗下有360安全卫士、360杀毒、360安全浏览器、360手机卫士等系列产品。80后都知道，从前的杀毒软件不是免费的，市场上主要有瑞星、卡巴斯基、金山等品牌，正版的售价都在200元/年左右。360杀毒软件作为后来者，并不是很出名，市场占有率也不高。然而，360杀毒软件依靠一招"免费"脱颖而出，成为了如今使用人数最多的杀毒软件。

360以安全卫士为依托，衍生出360杀毒软件，这是意料之中的发展，但是360杀毒软件的运营模式让整个杀毒软件领域颇为震惊，因为360承诺其杀毒软件永久免费，这颠覆了以往杀毒软件收费的运营方式。用周鸿祎自己的话说就是："360推出免费杀毒后，当时很多杀毒公司对360都恨之入骨，因为大家觉得我们卖了15年的杀毒软件，每年轻轻松松地赚钱，一下子被360砸了饭碗。"

于是，杀毒软件行业开始了一场并不持久的"战争"，2013年，360称用户在安装金山毒霸时被弹窗诱导"卸载360杀毒"软件，同时向用户散布360虚假负面信息，诋毁360杀毒软件及360公司的商誉。同年9月，金山称360安全卫士、360杀毒引导用户通过"一键卸载"的方式卸载金山软件，双方均以不正当竞争为由将对方告上法庭。

除了金山毒霸，360与另一家杀毒软件公司瑞星也有官司。360和瑞星之间的大战源于一个漏洞，2011年波兰安全组织NT Internals发布的一则公告称，该组织秘密通报了瑞星杀毒软件的两个漏洞给瑞星，

PART 1　赚钱企业 VS 值钱企业

而瑞星仅仅修复了其中一个漏洞。360获知消息后，随即从各个角度解读和传播。瑞星随后反击，表示已对漏洞做了处理，且该漏洞对于用户的威胁程度极低。360马上指出，瑞星的两个漏洞攻击代码已大面积扩散，而360已开发出临时补丁，供瑞星用户下载安装。同时，瑞星称360给用户装"后门"，黑客利用此"后门"可对系统注册表和用户信息进行任意操作。最后360称瑞星以不正当竞争手段恶意攻击360商业信誉和商品信誉，将瑞星告上了法庭。

这一系列"互撕"的背后，实际上是整个杀毒软件行业最赚钱的几家企业与360抗争的缩影，这让当时的杀毒界热闹非凡。360与金山毒霸、瑞星接连产生官司纠纷，而与卡巴斯基同样是矛盾不断。但事实证明，以金山、卡巴斯基为代表的杀毒软件，无论怎样抗争也无法撼动360异军突起的地位，因为360安全卫士的客户端用户数量迅速膨胀到3～4亿，360早已在客户端方面占尽了优势。金山后来推出的金山卫士几乎是360安全卫士的翻版，但后者早已经先入为主；而360之前的合作者卡巴斯基虽然定位高端杀毒软件，但在国内却并没有多少人买账，更无法对360造成威胁；至于瑞星同样被360的"免费"远远地甩在了后头。

360独树一帜的"免费"策略不但改变了杀毒软件的盈利模式，也开始了互联网的免费时代。一直到现在，我们几乎所有的APP都是免费模式。有了终身免费的卖点，360迅速收获了大量用户，一举跨入了值钱企业的行列。

新资本思维： 如何开一家值钱的公司

从上面的案例中我们可以看到，无论是金山毒霸、卡巴斯基还是瑞星，在当时的杀毒软件行业都是非常赚钱的企业。然而在360进入后，其免费的策略迅速占领客户端，快速积累起市场份额，从而走上了竞争对手无法超越的快速发展通道。如今360已经成为一家名副其实的值钱公司。

图 1-3 亚马逊品牌标识示意图

亚马逊公司（Amazon），是美国最大的一家网络电子商务公司，位于华盛顿州的西雅图，是网络上最早经营电子商务的公司之一。亚马逊公司1995年由杰夫·贝佐斯（Jeff Bezos）创立，一开始只经营网络的书籍销售业务，现在经营范围则涉及多个领域，已成为全球商品品种最多的网上零售商。

在发展之初，为了和线下图书巨头Barnes&Noble、Borders竞争，贝佐斯把亚马逊定位成"地球上最大的书店"。为实现此目标，亚马逊采取了大规模扩张策略，以巨额亏损换取营业规模。经过快跑，亚马逊从网站上线到公司上市仅用了不到两年时间。到1997年，亚马逊已经在图书网络零售上建立了巨大优势，确立了自己地球上最大书店的地位。

进入1997年后，贝佐斯认为和实体店相比，网络零售很重要的一个优势是能给消费者提供更为丰富的商品选择，因此扩充网站品类、打造综合电商，以形成规模效益，成为亚马逊的战略考虑。1997年5月，亚马逊上市，尚未完全在图书网络零售市场树立绝对优势地位的亚马逊，开始布局商品品类扩张。经过前期的蓄势和市场宣传，1998年6月，亚马逊的音乐商店正式上线。仅一个季度，亚马逊音乐商店的销售额就超过CDNow，成为最大的网上音乐产品零售商。亚马逊通过品类扩张和国际扩张，到2000年的时候亚马逊的宣传口号已经改为"最大的网络零售商"。

从2001年开始，除了宣传自己是最大的网络零售商外，亚马逊同时把"最以客户为中心的公司"确立为发展目标。此后，打造以客户为中心的服务型企业，成为亚马逊的发展方向。为此，亚马逊从2001年开始大规模推广第三方开放平台、2002年推出网络服务、2005年推出Prime服务、2007年开始向第三方卖家提供外包物流服务、2010年推出KDP的前身自助数字出版平台Digital Text Platform（DTP）。亚马逊逐渐超越网络零售商的范畴，成为一家综合服务提供商。

2004年8月，亚马逊全资收购卓越网，进入中国电子商务市场。2017年2月，Brand Finance发布2017年度全球500强品牌榜单，亚马逊排名第三，其市值已经达到3500亿美元。而亚马逊近期的一系列布局很可能让它成长为一家万亿美元市值的超级值钱公司。

市值的高低表明了投资者对于一家公司所在市场规模和发展前景的判断，亚马逊的市值曾在18个月里上涨108%，也就是说，其公司的

新资本思维： 如何开一家值钱的公司

市值增长了 1000 多亿美元。这个惊人的数字表明，亚马逊是一家非常值钱的公司。

国内是否也有类似的企业呢？答案当然是肯定的。

我们都知道打车软件"滴滴打车"，它也是名副其实的值钱企业。看看滴滴所在的行业，每个城市的出租车公司，其实都是赚钱的公司，但以笔者的标准来看都不值钱，而"滴滴打车"这家企业却截然相反。

"滴滴打车"这几年亏了 100 多亿元，却亏出了企业 3000 亿元的估值，其创始人程维只需要做 1% 的股权转让就可以获得 20 亿元。而那些城市出租车公司是无论如何也无法赚到 20 亿元的净利润的。

在现实中，如果一家公司一年能够赚到 1 亿的净利润，那么我们一定会觉得这家公司非常牛，但如果这 1 亿的净利润不能产生倍增效应，赚 100 亿需要 100 年，赚 1000 亿需要 1000 年，那这家公司仍然不能算是值钱的公司。贝贝网两年就做到了 100 亿市值，在 2016 年初成功估值 10 亿美元；"滴滴打车"只花了 4 年时间，就从零做到了 3000 亿元的企业估值。

这些现实让我们看到了值钱企业与赚钱企业的区别，而另一个残酷的现实是：当一个赚钱的行业里出现了值钱的企业，那么这个行业里所有赚钱的企业就可以准备"回家"了。可见，值钱企业的存在，已经威胁到众多赚钱企业的生存问题。

资本利润 KO 产品利润

前文所谈内容其实是为了让读者对值钱企业与赚钱企业有一个简单的判断。如果让笔者对这两类企业进行区分的话,笔者更希望从利润的角度去解读,那就是赚钱的企业关注的是产品利润,而值钱的企业关注的则是资本利润。

从目前的商业现状来看,很多赚钱的企业变得越来越难受,因为钱越来越不好赚,这是什么原因呢?其实并不是表面呈现出的市场变化、竞争加剧等因素造成的。其深层原因是这些企业一直在赚取卑微的产品利润,也就是在赚产品销售逆差。而相反的,所有值钱的企业,都在赚取资本利润,把看得见的利润让给消费者,自己去赚看不见的利润。这就是两类企业最大的差别。

图 1-4　京东品牌标识示意图

 **新资本思维：** 如何开一家值钱的公司

著名的电商京东商城2015年的业绩是亏损90多亿，但它却进入了世界500强，成为中国入选《财富》世界500强的唯一一家互联网公司，排名第366位。你也许要问：一家赚5元却要花10元的企业，为什么可以越做越大？一家每年都亏损的企业，老板却越来越有钱，其中的原因何在？

原因很简单，京东拥有高复合增长率和现金流。从理论上来说，只要拥有现金流，亏损也不是问题。比如一家企业一年的现金流有10亿，每年亏损100万元，那么它能够坚持运作几百年，因为10年才亏1000万元，100年才亏1亿而已。因此，赔钱的企业只要有现金流，就可以耐心等待反转的时机；而赚钱的企业一旦没有了现金流，就会立刻死掉。

刘强东曾对李彦宏说："京东10年后70%的净利润将来自于金融业务！"也就是说，京东未来要做一个金融巨头。做电商、入股永辉超市做零售，这都是为了给消费者带来好的消费体验，让消费者养成每天在京东买东西的习惯，这样就获得了用户和数据。电商最为重要的信息流、物流、资金流，京东已经全都得到了。

通过图1-5我们能够看到京东融资的历程与公司估值的变化。资本在其中的力量显而易见。作为互联网企业，投资人看到的是京东居然能赚5元，而不是还亏了5元。而京东之所以越亏越有钱，就在于通过高复合增长率不断吸引资本加盟，从中赚取资本利润。

2015年，京东的营业收入是1813亿元，而百度的营业收入仅为663.8亿元，腾讯的营业收入则为1028.6亿元。京东的营业收入逐年

PART 1　赚钱企业 VS 值钱企业

增加，实现年增长率50%以上很轻松，这就保证了京东有足够的本钱吸引资本的注意，而手里的现金流则完全可以应付每年的亏损。所以只要京东保持高速增长，营业收入越来越多，而亏损不大幅增加，那么京东就可以从投资方那里获得足够的资金。凭借这样的高增长率和现金流，京东在2016年市值超过了300亿美元，绝对称得上是一家值钱的企业。

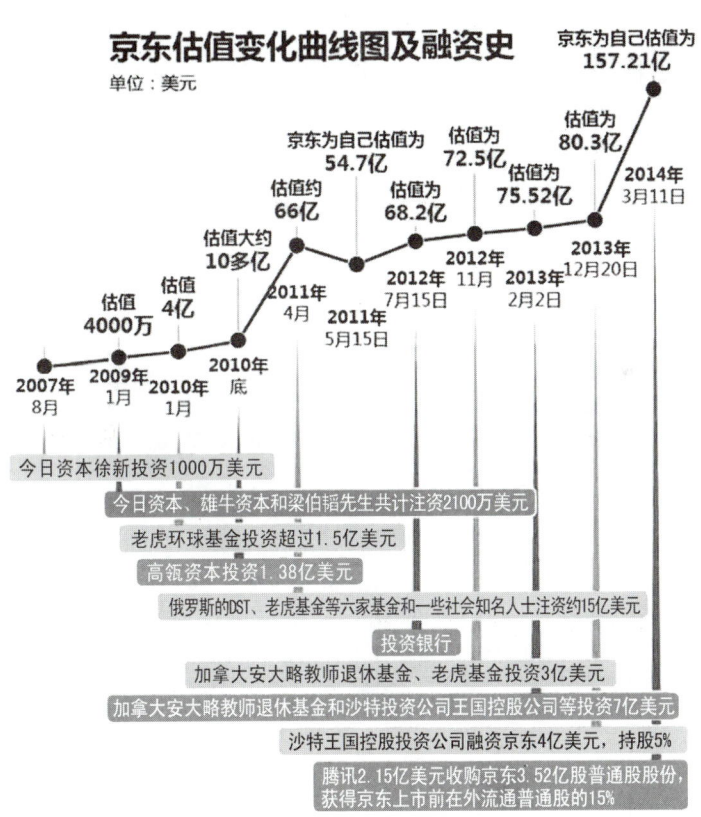

图1-5　京东估值变化曲线图及融资史

新资本思维： 如何开一家值钱的公司

从京东的案例中我们能够看到值钱企业的一种共性化的运营方式，那就是拼命扩张，用高复合增长率吸引资本介入，从而长久地享受资本所带来的利润。而只关注产品利润的企业，其发展的道路会越走越窄，产品所带来的逆差利润会越来越微薄。这是因为今天的中国正在进入一个疯狂的时代，每个行业都有资本在搅局。企业之所以会感到钱越来越难赚，是因为它们依然在依靠自有资金，依然在依靠银行贷款，依然在玩重资产……而反观所有值钱的企业，它们绝对不会向银行贷款，其老板也不会自己投入血本。所有值钱企业的老板一定不是一个人在战斗，而是依靠一个卓越的团队，这个卓越的团队会吸引一批风险投资介入，然后开始在某个行业里肆无忌惮地搅局，让这个行业鸡犬不宁，直到该企业成为行业的垄断者。

图 1-6　贝贝网品牌标识示意图

贝贝网创立于 2014 年，是一个母婴产品特卖平台，以品牌正品、独家折扣、限时抢购为特色，主要提供童装、童鞋、玩具、儿童用品等商品的特卖服务。贝贝网在创立短短两年的时间里，成交规模达到了100亿元。

贝贝集团创始人兼CEO张良伦在谈到"为什么贝贝网两年能做到100亿"的时候表示："原因很简单，那就是钱够多"。张良伦认为最好的商业模式就是垄断，贝贝网两年成交规模达到100亿元的背后，就是由这样一个商业模式支撑的。目前贝贝网在母婴行业做到了接近20%的市场份额。

贝贝网成立至今，先后获得了IDG资本、高榕资本、今日资本、新天域资本、北极光等数亿美元的风险投资。2014年8月，贝贝网获得互秀电商、高榕资本和IDG等1.5亿元人民币共同注资。2015年1月，贝贝网宣布完成1亿美元C轮融资，此轮融资由今日资本、新天域资本领投，高榕资本、IDG资本等跟投。

IDG是全世界最大的信息技术出版、研究、会展与风险投资公司。自1992年开始，IDG资本已投资包括百度、搜狐、腾讯等300家企业，并已有超过70家企业在美国、中国香港、中国A股证券市场上市。

高榕资本则是一家新兴的风险投资机构，管理着2亿多美元基金，专注于TMT行业种子期和成长期投资。高榕资本投资团队累计有超过40年的TMT行业投资经验，曾主导投资了多家优秀公司，包括小米科技、91助手、3G门户等。

2016年6月，贝贝网完成了1亿美元的D轮融资，投资方为新天域、北极光、高榕资本、今日资本等。

新资本思维： 如何开一家值钱的公司

对于掌握核心技术和创新模式的企业来讲，获得资本的青睐、在严酷的市场环境中找到最佳生存姿态，其实并不困难。

贝贝网在创立之初所采用的商业模式，就是以行业垄断为最终目标，而不是以盈利为目标。这导致其经营思路与只想赚钱的企业有着本质的差别，即并非以产品销售为导向，而是更为注重用户群体的体验与流量。很显然，张良伦一开始就计划通过快速扩张与快速成长来打资本的主意。短短两年时间，贝贝网就获得了众多的资本风投。有了资本的加盟，贝贝网的扩张更快、成长更迅猛，那么商业的马太效应会令其获得更多资本的青睐，这就是值钱企业的典型玩儿法。

让我们再来看现在最火的共享单车案例。

图 1-7 摩拜单车品牌标识示意图

摩拜，英文名 mobike，2014 年由胡玮炜创办，2015 年 1 月份，摩拜科技成立，并拥有了自己的自行车制造工厂。2016 年 4 月摩拜单车正式上线，并在上海投入运营，用户在APP上实名注册，并缴纳299元保障金，即可租用。当年9月，摩拜单车正式宣布全面进入北京。

让我们来看看摩拜单车的融资历程：

2015年10月，摩拜单车获得愉悦资本数百万美元A轮融资；

2016年8月，摩拜单车获得了熊猫资本、愉悦资本、创新工场数千万美元的B轮融资；

2016年9月，摩拜单车获得由高瓴资本、华平投资集团领投，多家机构跟投的超1亿美元C轮融资。

2016年10月，摩拜宣布完成高瓴资本、美国华平投资集团、腾讯共同领投，红杉资本、启明创投、贝塔斯曼、愉悦资本、熊猫资本、祥峰投资和创新工场等多家机构跟投的融资，同时，它得到了美团创始人CEO王兴的个人投资。

2017年1月，摩拜单车宣布完成新一轮（D轮）2.15亿美元（约合人民币15亿元）的股权融资。腾讯、华平投资领投，新引入的战略和财务投资者包括携程、华住、TPG等，红杉、高瓴等现有股东均跟投本轮融资。

2017年3月，摩拜单车宣布再次获得D轮后的新融资。2017年1月初至3月，摩拜单车累计融资额已超过3亿美元，加上2016年超过2亿美元的融资，粗略统计摩拜单车手握资金超过5亿美元。手握重资并在技术、产能、运营等维度领先的摩拜单车，几乎无任何短板。

新资本思维： 如何开一家值钱的公司

摩拜单车这家2015年才成立，产品2016年才上线的企业，竟然能够在短短一年多时间里数次融资，而且越融越大！坐拥产品和技术优势的摩拜单车，市场份额不断扩大，已占据6成市场份额，超过行业其他企业的总和。

中国速途研究院发布的《2017年第1季度共享单车市场调研报告》显示，摩拜单车已占据共享单车市场57%的份额，领先第二位ofo共享单车27%，且差距正逐渐拉大。调查显示，摩拜单车在APP下载量、用户好感度、媒体关注度(百度指数和微信指数)等方面占据优势。

摩拜单车具有显著的值钱企业特征，它在一个新兴的市场里采用快速占领市场份额的方式挤掉竞争对手，而它的本钱就来自资本。摩拜单车关注的，根本就不是可怜的租车费用，甚至在很长时间里，摩拜单车是免租用费的，以赚钱思维来衡量摩拜单车是没有任何优势可言的，而以值钱思维来看则不然，摩拜单车的战略是尽快积累用户，占领市场份额。事实证明，摩拜单车赚到的不是产品利润，而是资本投资给它的巨额利润。

也许你会问，像京东这样值钱的企业到现在都在亏损，它永远都不会赚钱吗？答案当然是否定的。首先，值钱的企业一直在享受资本带来的利润，这就是京东一直亏损，但刘强东却越来越有钱的原因；其次，值钱的企业在行业里掌握话语权之后，其赚钱的方式会更加多元化，比如京东金融实际上是赚钱的，只不过被京东之前大规模投资建设物流体系的亏损所掩盖而已。这就应了前文曾经说过的一句话:"赚钱的企业不一定值钱,而值钱的企业一定赚钱"。

而反观那些紧盯产品利润的赚钱企业,当行业里出现值钱企业的时候,竞争就会变得非常不对等。这是因为赚钱企业是在用自有资金和微薄的产品利润,与拥有庞大资本支持和丝毫不考虑现阶段是否赚钱的值钱企业PK,结果可想而知,等待它们的要么是被收购,要么是被淘汰。商业的竞争最终会转化为企业体量与资本的竞争,单从这一点来看,赚钱企业无法与值钱企业相比,甚至是相差甚远。也因此,本节的标题被定义为"资本利润KO产品利润"。也就是说,在享受"资本利润"的值钱企业面前,依靠"产品利润"生存的赚钱企业必将不堪一击。

新资本思维：如何开一家值钱的公司

赚钱企业与值钱企业的利益分配差异

如果从另一个角度来看，即赚钱企业与值钱企业在分红方面的差异，同样能够让我们感受到：赚钱和值钱一字之差却有天壤之别。

我们必须承认，在这个地球上很少有老板愿意把几千亿元的净利润分给员工，因为要赚到几千亿元的利润几乎是不可能的事情，但是对于值钱的企业而言，它们是能够做到这一点的。

图 1-8 阿里巴巴品牌标识示意图

有一家值钱的企业，在上市前给员工分了一些股权，就分出去 2000 多亿元人民币，公司的很多人变成了百万富翁，这个公司就是阿里巴巴。

阿里巴巴如今市值 2600 多亿美元。上市前，阿里巴巴做了一系列的股权释放和股改，让其员工分享到超过 400 亿美元的巨额财富，这场 IPO 的盛宴让阿里巴巴诞生了一批百万、千万甚至亿万富翁。无疑，阿里巴巴的上市创下了国内 IT 类上市公司最大规模的员工"造富"纪录。

阿里巴巴通过上市把值钱企业的魅力最好地展现了出来，它不仅让自己成为了行业的领军者，为员工带来了巨额的现实财富，同时也令其背后的投资机构在资本市场里获得了丰厚的回报。

迄今为止，没有任何一家仅仅依靠赚取产品利润的赚钱企业能够如此大手笔的分红，这也成为赚钱企业与值钱企业显著的差异之一。

如果马云仅仅盯着产品利润，那么绝对走不到今天；如果马云向银行贷款，那么他同样也走不到今天。马云之所以能使阿里巴巴成为世界上最值钱的公司之一，是因为在马云的背后有资本的支持。

马云一手创办了阿里巴巴，但在引入外部投资者及上市之后，马云所持阿里巴巴股份的比例只有 7.8%。相比马云，其他两位股东才是阿里巴巴的最大受益者。这两位股东分别是软银和雅虎，两者分别持有阿里巴巴 32%、15.4% 的股份，远高于马云。尤其是软银，堪称阿里巴巴的隐身大 Boss。

软银的创始人孙正义是韩裔日本商人，出生于日本九州佐贺县鸟栖市，毕业于美国加州大学伯克利分校，现为软件银行集团的行政总裁。福布斯杂志报道，孙正义在 2011 年拥有 81 亿美元净资产，名列日本富豪榜第二位。2014 年 9 月，孙正义的财富净值达 166 亿美元，跻身日本首富。

新资本思维： 如何开一家值钱的公司

十几年前，孙正义的软银在名不见经传的阿里巴巴身上投了2000万美元，如今，根据估算这笔投资的估值早已经超过了500亿美元。

孙正义的钱是风险投资，不需要还本付息，只需要在企业增值之后分享企业增值的红利。阿里巴巴正是获得了孙正义的2000万美元风险投资，才发展壮大起来的，而孙正义也经由阿里巴巴的上市获得了超乎想象的资本回报。

阿里巴巴的案例从一个侧面展现了值钱企业与资本之间密不可分的关系。分红仅仅是一种表象，实质是值钱企业对商业模式、运营体系以及发展远景的构建与赚钱企业有着本质的区别。本章已经不止一次强调过这一点，而这种本质区别来源于基因。

基因决定思维，思维导向结果

前文我们提到过滴滴打车，其创始人是程维，曾在阿里巴巴就职；贝贝网的创始人张良伦也曾在阿里巴巴就职。他们离开阿里巴巴后都打造出了值钱的企业，这就说明：一家值钱的企业能够成就很多追随者，因为它让追随者们拥有了值钱的基因，而不是赚钱的基因。

在笔者看来，为赚钱的企业工作，脑子里只有赚钱的基因，即使自己创业也是开赚钱的公司，但是为值钱的企业工作就不一样了，它会带给你值钱的基因。

图1-9　7天连锁酒店品牌标识示意图

著名的7天连锁酒店成立于2005年，创始人叫郑南雁。7天连锁酒店是中国酒店行业中店面最多的连锁酒店之一。

新资本思维： 如何开一家值钱的公司

7天连锁酒店成立仅仅四年半，就被郑南雁带进了纳斯达克，为什么郑南雁可以在如此短的时间内做到这一点？原因很简单，郑南雁之前工作的公司，是携程旅行网。毫无疑问，携程旅行网是一家值钱的公司，郑南雁在携程旅行网做华南区总经理，他亲眼见证了沈南鹏、梁建章和季琦如何把携程从零做到上市。携程除了人以外什么都没有，它在卖酒店，但是却没有开过一间酒店。携程的成功，让郑南雁非常了解值钱企业的基因和游戏规则。

因此，当郑南雁从携程离职创办7天连锁酒店时，借鉴了携程做的一个连锁酒店——如家的经验，从而拿到了何伯权800万美元的投资。郑南雁用这800万美元，开始复制他的门店，在非常短的时间内，通过资本的力量登陆纳斯达克，成为中国目前最牛的连锁酒店品牌之一。

7天连锁酒店的成功源于郑南雁使其具有了值钱企业的基因，这一点从案例中能够很明显地看到。让我们再看下面一个案例。

前文我们曾经谈到的滴滴打车，其创始人叫程维。程维大学毕业之后的第一份工作在阿里巴巴，他从阿里巴巴最基层的员工一路做到支付宝的副总。所以，当程维从阿里巴巴出来要创业的时候，就有天使投资看中了他，因为天使投资知道，程维的身上有明显的阿里巴巴烙印，即"值钱"的基因。

在滴滴还只是30多家互联网出行公司中很小的一家的时候，就有一个人说一定要投滴滴，这个人就是马化腾。马化腾说："这是马云帮

PART 1　赚钱企业 VS 值钱企业

我培养的人，我为什么不投。"所以，今天滴滴的大老板、真正的既得利益者，是马化腾。

2013年，腾讯集团以极大的诚意投资滴滴，不仅腾讯投资部的负责人亲自和程维进行会谈，到北京出差的马化腾，也专程请程维吃饭，商谈投资的相关事宜。2013年4月，滴滴打车接受了腾讯1500万美元的B轮投资。当然，马化腾对于滴滴打车的支持绝不只是资本。2014年，微信为滴滴出行开放流量入口，而且在滴滴打车的早期推广中，使用微信支付还可以获得一定的补贴和优惠。

到2015年，在微信等腾讯流量的支持下，滴滴打车在订单量上成为国内第一大智能出行平台，这也为滴滴打车和快的的合并奠定了基础。与此同时，在滴滴的多轮融资中，腾讯集团屡屡跟投，显示出对滴滴出行成长潜力的肯定。

除了滴滴打车的程维，之前提到的贝贝网创始人张良伦也有着类似的经历。张良伦人生的第一份工作同样是在阿里巴巴。他离开阿里巴巴后，创立了贝贝网，且贝贝网所有的高管都来自阿里巴巴。张良伦和他的高管团队在两年时间里复制了一个"小阿里巴巴"，而且其成长速度甚至超越了阿里巴巴。因为不论是京东还是阿里巴巴，还是任何一家互联网公司，没有一家是两年就实现100亿元营业额的，而贝贝网做到了。

正因如此，在当下的商业环境里，我们应该只做值钱的企业，不再做赚钱的企业；只为值钱的企业工作，不再为赚钱的企业工作；只投资值钱的企业，不投资赚钱的企业……这就是笔者在本书里最鲜明的观点。

新资本思维：如何开一家值钱的公司

基因决定思维，而思维导向结果。值钱的基因决定了做企业或者做投资都会具有"值钱"的思维，从而带来"值钱"的结果。这是一个摆在企业、个人、投资者面前的非常现实的问题。下面我们从投资的角度来看一个例子。

很多读者都可能有过这样的经历，即投资过身边的朋友，但是投出去的钱不但没有获得收益，反而打了水漂，甚至连本金都没有收回来。这是什么原因呢？原因是你们所投资的公司都是"赚钱"的公司。

白小姐是做餐厅的，有一天她心血来潮想要搞一个初中同学聚会，于是就召集所有初中同学到自己的餐厅吃饭。白小姐的餐厅是当地知名餐厅，经营效益特别好。

酒足饭饱之后，所有同学都觉得这个餐厅确实不错，经营效益确实好，装修独具特色服务也一流。在聚会结束后，白小姐留下了几位事业有成的同学，对他们说："我们都是同学，认识二十年了，我们之间是不是可以一起做点事呢？"这几个同学都觉得白小姐的话很有道理。然后白小姐说："我今年准备开个新店，选址在一个豪华地段，你们有没有兴趣参与？"

最终的结果就是白小姐的五个同学，共投资给她300万元开了个新店。白小姐拿的是同学的钱，当然极负责任，她为新餐厅可谓呕心沥血，但是新餐厅开业后，受政策影响，生意不好做了，第一年勉强经营了一年，最终亏损。但是白小姐非常讲义气，年底用其他门店的利润给投资餐厅的五个同学分红20%。五个同学很开心。第二年，屋

PART 1　赚钱企业 VS 值钱企业

漏偏遭连夜雨，市政要在餐厅门口的街道铺地下管道，餐厅的生意变得更差了，亏损更严重，到第二年年底的时候，五个同学来找白小姐要分红，白小姐知道不能再硬撑了，因为如果再拿20%给大家分红，她就要破产了。于是，她把账单拿出来摆到桌子上，很负责任地跟五位老同学说："同学们，去年我分给你们的20%，都是我自己赚的钱，这个门店其实是亏本的，去年亏了很多，今年亏的更多，我真的没有办法了。"这时五个人才知道真相。很显然，五位同学对白小姐餐厅的投资，连本金都很难拿回来了。

上面这个案例就是现实中的桥段，很多人投资不能回本是因为投资的是赚钱的企业，而这些企业的经营者的基因不是开"值钱"企业的基因，而是开"赚钱"企业的基因。

在当下的市场环境里，投资赚钱的企业很难依靠利润分红。所以在专业投资人眼中，投资赚钱的企业在决定投资的那一刹那就已经宣告投资失败。也正因如此，笔者才会在本书的第一部分就强调值钱企业与赚钱企业的区别。如果你是企业家、企业员工或者投资人，那么请遵循以下行动准则。

如果你是企业家，请从现在开始改组你的基因，去做值钱的企业。

如果你是企业的员工，请想办法找到值钱的企业，然后去为值钱的企业工作。

如果你是投资人，请不要再投资赚钱的企业，因为投资赚钱的企业，不可能让你的财富增值。

PART 2

值钱企业养成观

新资本思维： 如何开一家值钱的公司

在当下的竞争环境中，做"值钱"的企业是唯一让企业基业长青的方法，那么，如何打造"值钱"的企业就成为核心的问题。在本书后面的章节将为读者朋友们详细解读做值钱企业的方式与方法。在此之前，我们首先要解决的是思维和观念上的问题。大部分企业家长久以来被植入的都是"赚钱"思维，因此对产品利润更为关心，对做赚钱企业的套路也更驾轻就熟。然而值钱企业的玩儿法却与赚钱企业的玩儿法截然不同，它更为"暴力直接"，因此树立新的值钱企业的养成观就显得非常必要，本章我们就来解读值钱企业的养成观。

传统行业里的企业能"值钱"吗?

看了前文的读者朋友们也许会产生这样的疑问:你所列举的值钱企业都处于新兴行业,大多依托互联网而生,这比较容易理解,因为毕竟新兴行业在技术、商业模式等方面都具有较高的前瞻性,更容易诞生被资本所青睐的值钱企业。而对于传统行业而言是否也是如此呢?换句话说,传统行业里的企业能值钱吗?

答案当然是肯定的,在值钱企业的养成观里是没有行业之分的,任何行业都能够孕育值钱的企业。

下面就让我们以快递行业为例来说明。快递所处的物流行业是最具传统特征的行业,这一点毋庸置疑。那么,在快递行业里是否存在值钱的企业呢?

2016年10月,圆通速递(股票代码:600233)股份有限公司正式登陆A股,成为中国快递行业首家上市公司。在圆通上市后,其创始人喻会蛟、张小娟夫妇的身价突破300亿元,成为快递行业首富。

圆通速递由浙江桐庐人喻会蛟创立于2000年,初始注册资金仅100万元。2005年,圆通和淘宝签约,成为后者最主要的线下物流供应商。经过十余年发展,圆通速递在全国范围已拥有自营枢纽转运中心

60个，终端网点超过2.4万个，县级以上城市覆盖率达93.9%。

图2-1 圆通速递某中转站

圆通速递2013年度、2014年度和2015年度分别实现营业收入68.85亿元、82.29亿元和120.96亿元，营业收入年均复合增长率为32.54%。

尽管规模庞大、员工众多，但圆通速递的经营现金流一直表现优异。那么，上市的募资对本不缺钱的圆通而言到底有什么用呢？对于募资用途，圆通的思路是将其用于物流智能化，提高整体效率。圆通在公告中称，公司向喻会蛟、张小娟、阿里创投、圆鼎投资等募集配套资金23亿元，募资用于转运中心建设和智能设备升级项目、运能网络提升项目、智慧物流信息一体化平台建设项目。

如今，圆通速递的市值已经达到了 800 亿元，成为拥有庞大体量的企业。圆通无疑就是一家"值钱"的企业，因为它拥有值钱企业的所有特征，包括广阔的市场空间、行业的领军地位、充裕的现金流以及创新能力。

拥有了资本市场的支持，圆通对未来业务的布局进一步彰显出做强做大的野心。上市成功后，借助资本市场强大的资源配置优势和多元化的融资渠道优势，圆通更有实力提升其快递网络规模、全网运输能力和信息化水平。同时，随着国内快递企业的转型升级，第一个进入资本市场的圆通抢占了并购重组和产业链整合的先机，这使其率先开启了打造中国航母级快递企业的征程。

如今，快递行业中领先的快递企业都以上市公司的标准运作，其管理体系和人才体系的建设越来越完善，企业实力都获得了进一步增长。对于那些还未进入资本市场的快递企业而言，则面临着上市快递企业的倒逼，它们的命运不外乎两种，要么完善经营模式，加速转型升级，要么在整合兼并的过程中被其他公司收购。

正因如此，在圆通上市的催化下，快递行业迎来了一个集中上市的高潮。圆通上市之后，包括顺丰速递、天天快递、韵达速递、全峰快递、中通快递等企业也都纷纷发布或传出了谋划上市的消息。

2016 年 2 月，顺丰拟筹备 A 股上市的公告正式曝光。根据公告内容，顺丰拟在国内证券市场首次公开发行股票（IPO）并上市。同月，天天快递宣布完成超过 6 亿元的 A 轮融资，主投方为中金前海发展（深圳）基金管理有限公司。天天快递董事长张鸿涛更是表示，计划在

 **新资本思维：** 如何开一家值钱的公司

2016年、2017年两年内上市，并视发展需要决定是否在上市前进行B轮融资。还是2月，韵达速递宣布与复星集团、中国平安、招商银行、东方富海、云晖投资等金融与投资机构达成战略合作。此外，中通快递也计划在美国进行首次公开募股，融资规模在10亿～20亿美元。

至于另一家快递行业巨头申通，则早在圆通上市之前就已宣布借壳上市，要不是在上市冲刺阶段遭到监管层的问询，加之申通自身的复杂情况，拖延了上市时间，圆通的上市日期甚至要排在申通之后。

很显然，在快递这个传统行业诞生出了圆通速递这样"值钱"的企业，它通过上市迅速扩大了企业市值，在行业内形成了鲜明的示范效应。那么，其他的传统行业又如何呢？让我们再来看下面这个案例。

图2-2 海底捞品牌标识示意图

PART 2　值钱企业养成观

在餐饮行业有一家著名的火锅连锁店叫作海底捞。海底捞成立于 1994 年，是一家以经营川味火锅为主、融汇各地火锅特色为一体的大型跨省直营餐饮品牌火锅店，全称是四川海底捞餐饮股份有限公司。海底捞在简阳、北京、上海、沈阳、天津、武汉、石家庄、西安、郑州、南京、广州、杭州、深圳、成都、韩国、日本、新加坡、美国等城市和国家拥有百余家直营连锁餐厅和 4 个大型现代化物流配送基地以及一个底料生产基地。海底捞连续 5 年获"中国餐饮百强企业"荣誉称号。2011 年 5 月 27 日"海底捞"商标荣获"中国驰名商标"。

2011 年起，有关海底捞筹备上市的消息就层出不穷，但一直没有下文。直到 2016 年，海底捞上市终于成为了现实，它所采用的是拆分海底捞底料公司单独上市的方式。

2016 年 7 月，海底捞独家底料供应商颐海（股票代码：01579）在港交所上市。颐海是最大的中高端火锅底料生产商，有将近 400 家经销商，产品供给国内 31 个省区，超过 6000 家大型商超，包括沃尔玛及家乐福，同时颐海还拥有包括杂货店、社区门店等在内的传统零售渠道，以及天猫、京东等电商销售渠道。

海底捞分拆其底料公司上市的行为，带有显著的"值钱"企业资本运作的影子。因为对实际控制人来说，海底捞和颐海就像同一件衣服的两个口袋，把钱放在哪个口袋里，其实区别并不大。首先，从股权构成上来说，颐海第一大股东及实际控制人分别是张勇、舒萍夫妇，他们拥有颐海 47.76% 的股权；其次，从业务往来上看，颐海的营业收

新资本思维： 如何开一家值钱的公司

入中有半数以上来自海底捞。

那么海底捞为什么不直接上市呢？因为餐饮企业的门店经营是复杂的网状结构，用工密集且流动性极高，存在财务难透明、劳资风险多、税务监管难等诸多问题，上市存在相当大的难度。而海底捞选择拆分出火锅底料公司上市，在操作上比在餐饮板块上市更容易。很显然，颐海属于供应链型公司，它的商业运作模式属于简单的线性结构，即一边买进，一边卖出，赚取中间利润。如果生产规模足够大，采购成本就会非常低，同时，如果销售渠道足够广阔，那么利润空间就能够保持持续增长，很显然，颐海具备高复合增长率的条件，要知道资本市场是最青睐这类上市公司的。

另外，从风险角度来看，火锅底料生产相对于餐饮服务而言，投资者承担的风险更小，符合风险最小化、利润最大化的投资原则。

如果细细品味海底捞的上市历程，我们就能够发现其拥有的是一整套完整的资本思维，其经营的一系列举措都是为分拆上市做准备，海底捞所采用的完全是值钱公司的玩儿法。

2013年，海底捞将颐海拆分出来之后便开始加速门店扩张，截至2014年底，海底捞在国内有109家门店。在其成立的前20年，以平均每年5～8家的速度扩张，但自2014年起，其开店节奏却突然提速3倍，仅2014年就开了17家新店，这就是在为颐海上市提前铺路。更多的海底捞门店成为颐海业绩提升的"发动机"，为颐海上市在销售数据与利润数据上提供了很好的支持。

PART 2　值钱企业养成观

与此同时，颐海登陆资本市场也能为海底捞提供各种好处。上市可以促进企业正规化，同时也能让海底捞变得更知名。海底捞的这个案例让人不禁慨叹，这种"左右手互搏"的打法也只有值钱企业才能玩儿得出来。

让我们再来看看另一家传统领域的企业——四川长虹。

图2-3　长虹品牌标识示意图

四川长虹(股票代码:600839)电子控股集团有限公司，始创于1958年，公司前身国营长虹机器厂是我国"一五"期间的156项重点工程之一，是当时国内唯一的机载火控雷达生产基地。四川长虹从军工立业、彩电兴业，到信息电子的多元拓展，产业拓展至黑电、白电、IT/通信、服务、零部件、军工等多种门类，已成为集军工、消费电子、核心元器件研发与制造为一体的综合型跨国企业集团。

2016年，四川长虹的品牌价值超过1200亿元人民币，与2013年相比大幅增长46%，成为品牌价值成长最快的企业之一，稳居中国电子百强品牌第6位，在中国企业500强排名第152位，居中国制造业

新资本思维： 如何开一家值钱的公司

500强第64位。

四川长虹1994年在上海证券交易所挂牌上市，当时上交所仅有139只股票，总市值为3690亿元。上市第一天，长虹的市值为39亿元，占市场总市值的1.06%，到了1999年3月，长虹的市值已经占到了市场总市值的2.84%。

1999年，四川长虹在航空蓄电池技术、极板制造技术等方面均达到了国际先进水平，建成了中国最具实力的电源系统研发和生产基地。同年，四川长虹投影电视投产，成为中国投影电视产业先驱。

2000年，完全由长虹设计、制造、安装的PDP彩电(等离子壁挂彩电)生产线正式投产，结束了国内还没有PDP生产线的历史。同年，长虹成为中国电池行业首家通过"中国环境标志"认证的企业。

2002年，长虹以7.8亿美元出口额成为中国出口第一家电品牌，成为消费类电子电器产品的全球主要供应商。

2005年，合肥市政府与四川长虹、美菱集团签署战略合作协议，四川长虹成为美菱电器第一大股东，由此进入冰箱领域，进一步完善了家电产业链。

2006年，全球首台"量子芯"电视在四川长虹诞生，并很快在全球范围内同步上市。

2006年10月，长虹推出全新的管控模式和组织架构，构建九大战略业务单元（SBU），多元化的集团公司实现基本管理制度统一、核心价值观统一、品牌管理统一、资源整合与业务协同，建立起支撑长虹

3C战略的母子公司管控体系，长虹打造出了一支具有国际竞争力的企业核心团队。

2007年，四川长虹最终以2.34亿元成功竞买景德镇华意电器总公司持有的华意压缩29.92%的股份。此举标志着四川长虹进一步完善了白电产业链，提升了家电综合竞争力。

2009年，四川长虹与台湾友达光电共同出资，在绵阳组建合资公司，生产液晶电视模组。合资公司首期投资及注册资本为1亿元人民币。

到2013年，四川长虹集团旗下已经有四家上市公司，分别为四川长虹、华意压缩、美菱电器以及长虹佳华。很显然，做黑色家电出身的长虹收购美菱电器与华意压缩这两家白色家电企业之后，销售规模与竞争力高速增长。通过收购行为，长虹凸显出垂直一体化产业链的优势。

近年来，长虹明显加快了全球化发展步伐，先后在印度尼西亚、捷克等国家建立生产基地，成功收购西班牙cubigel公司，设立了北美和欧洲研发中心。至此，长虹已在印度尼西亚、捷克、西班牙、德国、巴基斯坦等全球19个国家和地区设立了工厂或营销中心，其2015年海外业务收入超过150亿元。以长虹旗下华意压缩家用冰箱压缩机为例，已经连续三年全球销量第一，全球市场占有率达到20%，其中欧洲市场占有率高达35%，成为"全球冰箱心脏"。

四川长虹登陆资本市场的时间非常早，可以说是中国股市的"元

新资本思维： 如何开一家值钱的公司

老"。在那个年代，当大部分中国企业还没有资本意识的时候，四川长虹就已经走上了资本化的道路，享受到了资本市场带来的回报。仅仅从这一点来看，四川长虹先知先觉的经营方式就足以跻身值钱企业的行列。

从上面的几个案例可以看出，在传统行业里也有值钱企业，而这些企业之所以"值钱"，是因为采用资本思维，借助于资本市场的力量，最终享受到资本带来的巨额利润。

PART 2　值钱企业养成观

资本市场是值钱企业的终极归属地

圆通速递和海底捞的案例为我们揭示了值钱企业发展的共性，笔者把它称为："资本市场是值钱企业的终极归属地"。笔者通过对各行业值钱企业的研究对比发现：几乎所有值钱的企业都与资本市场存在着紧密的联系；几乎所有值钱的企业都在享受资本带来的利润；几乎所有值钱的企业都是通过资本的帮助获得快速成长，从而在行业内确立竞争优势。

让我们同样以快递行业为例，这次的主角换成了顺丰速运。说到快递行业里的值钱企业又怎么能少了顺丰的身影呢？

图 2-4　顺丰速运品牌标识示意图

顺丰速运（股票代码：002352）于 1993 年 3 月 26 日在广东顺德成

新资本思维： 如何开一家值钱的公司

立，是一家主要经营国际、国内快递业务的港资快递企业。顺丰早期的业务为顺德与香港之间的即日速递业务，在1996年，随着客户数量的不断增长和国内经济的蓬勃发展，顺丰将网点扩大到广东省以外的城市。至2006年初，顺丰的速递服务网络已经覆盖国内20多个省及直辖市，101个地级市，包括香港、澳门及台湾，成为中国速递行业中的佼佼者。

在众多谋求上市的快递企业里，顺丰可以算是个特例。一直以来，顺丰对于上市都是持否定的态度。2011年，顺丰创始人王卫罕见接受采访，在谈及上市时态度明确，他说："上市的好处无非是圈钱，获得发展企业所需的资金。顺丰也缺钱，但是顺丰不能为了钱而上市。上市后，企业就变成了一个赚钱的机器，每天股价的变动都牵动着企业的神经，对企业管理层的管理是不利的。"在王卫看来，一旦上市，就要信息披露，这样将不利于制定战略计划，作为一家正在快速成长的企业，需要保护好自己的商业秘密。

此后，顺丰高管公开露面时，对于上市问题基本上都延续了王卫的否认态度，包括2013年的首次融资，当时顺丰副总裁王立顺强调，顺丰开放股权意在核心业务发展方面"再提速"，并没有上市计划，这与其他快递企业力图在资本市场上跑马圈地截然不同。而参与融资的三家新股东对于上市也没有要求，在与顺丰签署的协议中，并没有关于上市的相关条款。

既然如此，顺丰为何在2016年一反常态，走上了借壳上市之路呢？这是由于，在2016年，除了顺丰之外，中通计划赴美IPO，时间拟定于2016年底或2017年初，拟融资10亿～20亿美元，如果一切顺利，这将是阿里巴巴之后第二大的中企赴美IPO；申通快递、圆通快递也都相继发布了借壳上市计划；而处在国内快递业第二梯队的全峰快递则选择在新三板上市；德邦物流在上海证券交易所公开提交IPO申请；宅急送也公开表达过上市计划……

很显然，快递行业的竞争已经由价格蔓延到了资本层面，需要资本推动企业未来的发展，因此各家争先上市已是趋势。快递公司需要在产能过剩之前把握时机，获取更高估值，顺丰也同样面临这些问题。除此之外，顺丰上市还受到了转型以及资本方需求等方面的影响。

此时的顺丰已经不是一家单纯的物流公司。它已经将内部原有业务板块划分为六大业务，包括速运事业群、商业事业群、供应链事业群、仓配物流事业群、金融服务事业群、顺丰国际事业群等，各事业群独立运营。其业务涉及速递、生鲜电商、跨境电商、金融支付、无人机等。比如，顺丰的跨境电商网站"顺丰海淘"，后改名为"丰趣海淘"，这是除顺丰优选之外的第二个电商网站。除此之外，顺丰还联手中信银行实现跨界合作，推出了共有品牌的"中信顺手付"试图打通电商链条上的支付环节，并为上游商家提供供应链金融服务，为消费者提供个人零售金融服务。顺丰还投资入股了深圳智航无人机项目。

随着顺丰经营的摊子越铺越大，3年前的80亿融资早已难以维持如此巨大的盘子，因此，谋求上市是顺丰解决集团多样化经营对于资金需求的最直接方法。

新资本思维：如何开一家值钱的公司

顺丰这样一家一直秉承"不上市"理念的企业，最终也走上了上市之路，这无疑从侧面反映出资本市场对于企业的强烈吸引力。对于值钱企业而言，我们说："资本市场是所有伟大企业的终极归属地"，究其原因包括以下几个方面。

第一，上市是企业发展的助推器。在资本的支持下，上市后的企业与上市之前相比会出现质的飞跃。比如两家企业本来在国内市场竞争中是平分秋色的，就因为其中一家上市，从资本市场引入资金后快速发展，使双方的实力对比变得不对等起来，上市的企业和没上市的企业就此拉开了距离。由此可见，上市可以支持企业更高速地成长，以取得在同行业领先的时机。另一方面，如果同行竞争者均已上市，企业同样需要充足的资本与竞争对手对抗，顺丰的上市尽管有自身需求的因素在内，但也不能排除与同行竞争的需要。

第二，企业通过上市筹集的充足资本，可以帮助企业在市场情况不景气或遭遇突发状况时，及时进行业务调整或转型，而不至于出现经营困难。

第三，股份制是全世界公认的，也是经历历史检验的企业发展的最好模式。董事会、监事会、股东大会三权分立，互相监督制约，在激烈的市场竞争中能够有效地把失误率降到最低，只有股份制运行模式能让企业做到这点。

第四，众所周知，上市可以使股东享受溢价，股东手里的股份通过上市会实现数倍的增值。企业通过上市解决了资金问题、管理问题，实现了企业资产的证券化，大大增强了企业资产的流动性，在增强竞争力的同时实现了股东利润的最大化。

第五，上市解决了企业发展所需要的资金问题，为企业的持续发展提供了稳定而长期的融资渠道，使企业可以借此形成良性的资金循环。

第六，上市能够使企业的并购手段得到拓展，上市的企业可以将股份作为支付手段进行并购。这对于那些希望通过并购获得成长的企业来说，重要性不言而喻。

第七，上市可以规范企业原本不规范的运作和管理，完善企业的治理结构，为企业长远健康发展引入良好的管理机制，奠定制度基础。

第八，上市后企业可以利用股票期权计划对管理层和员工进行中长期激励，增强企业凝聚力和战斗力。

第九，上市使企业获得了稳定而长期的融资渠道。上市后企业的债务比率大大降低，财务风险减小，可以从银行等传统金融机构获得低成本资金进行规模扩张，从而把握行业发展机遇，实现企业的高速成长。

综上所述，资本市场对于企业特别是值钱企业的吸引力不言而喻，那些值钱企业的野心往往能够装下整个世界，那么想要实现自己的野心就必须依赖资本市场的帮助，这就是值钱企业与资本拥有密不可分关系的最直接原因，也是一家企业能否成为值钱企业的重要原因之一。

当然，也许你还会有这样的疑问：难道所有值钱的企业都离不开资本市场？所有值钱企业都上市了吗？答案在下一节。

新资本思维： 如何开一家值钱的公司

游离于资本市场门外的值钱企业

必须承认的是，从目前来看，我只能说绝大部分值钱企业都与资本市场发生着这样或那样的关系，但也有一些特例没有进入资本市场，比如"华为"、"娃哈哈"和"老干妈"。

图 2-5　华为品牌标识示意图

华为于 1987 年在中国深圳正式注册，由任正非集资 21000 元人民币创立，它是一家生产、销售通信设备的民营通信科技公司，总部位于中国广东省深圳市龙岗区坂田华为基地。华为的产品主要涉及通信网络中的交换网络、传输网络、无线及有线固定接入网络和数据通信网络及无线终端产品，为世界各地通信运营商及专业网络拥有者提供硬件设备、软件、服务和解决方案。

华为在 2010 年以 218.21 亿美元营业收入首次杀入《财富》世界

500强榜单，排名第397位，2011年以273.557亿美元营业收入位居第352位。2012年，华为第三年入选财富500强，以315.4亿美元营业收入名列第351位。2013年，华为首超全球第一大电信设备商爱立信，排名第315位，爱立信排名第333位。2014年，华为的排名由前一年的第315位上升至第285位。2015年，华为的排名相较2014年又有大幅提升，上升57位至第228位。2016年，华为的排名又提升了将近一百名，位居第129位。

毫无疑问，华为是一家值钱的企业，但是华为至今都没有上市。在业界流传着华为的这样一段奇闻逸事。

很多企业家眼里的"大财神"——摩根士丹利首席经济学家斯蒂芬·罗奇，曾在任正非这里吃了"闭门羹"。若干年前，斯蒂芬·罗奇曾经率领一个投资团队访问华为总部，任正非却没有亲自出面，只派了当时负责研发的常务副总裁费敏接待。事后，罗奇有些失望地说："他拒绝的可是一个3万亿美元的团队。"对此，任正非却不在意地说："他又不是客户，我为什么要见他？如果是客户的话，最小的我都会见。他带来的机构投资者跟我有什么关系？我是卖设备的，就要找到买设备的人……"

对于华为坚持不上市，任正非说："华为真正需要的不是技术，也不是资本，唯有客户才是华为持续走向成功的根本。"

尽管华为秉承着不上市的理念，但其内部却形成了一个独有的股权系统，它体现在了华为赫赫有名的《华为基本法》中。

《华为基本法》作为一部企业"宪法"，1995年萌芽，到1996年

新资本思维： 如何开一家值钱的公司

正式定位为"管理大纲"，到1998年3月审议通过，历时数年，它是华为的企业价值观。《华为基本法》提升了华为的管理经验，确定了华为的经营理念、战略、方针和基本政策，构建出华为发展的架构。以《华为基本法》为核心，华为吸收了包括IBM等公司在内的管理工具，形成了均衡管理的思想，完成了企业的蜕变，使华为成为了中国最优秀的国际化企业之一。

在《华为基本法》的第十七条和第十八条中，专门提到了价值分配的问题。其中第十七条内容为："我们是用转化为资本这种形式，使劳动、知识以及企业家的管理和风险的累积贡献得到体现和报偿；利用股权的安排，形成公司的中坚力量和保持对公司的有效控制，使公司可持续成长。知识资本化与适应技术和社会变化的有活力的产权制度，是我们不断探索的方向。

"我们实行员工持股制度。一方面，普惠认同华为的模范员工，结成公司与员工的利益与命运共同体；另一方面，将不断地使最有责任心与才能的人进入公司的中坚层。"

第十八条的内容为："华为可分配的价值，主要为组织权力和经济利益；其分配形式是：机会、职权、工资、奖金、安全退休金、医疗保障、股权、红利，以及其他人事待遇。我们实行按劳分配与按资分配相结合的分配方式。"

这两条内容谈到了股权分配，这是华为所创立的、独有的内部股权分配方式。华为是股权100%由员工持有的企业。股东会是华为最高权力机构，股东为华为投资控股有限公司工会委员会和任正非。

工会委员会作为企业股东有权参与决策企业的重大事项，由持股员工代表会审议并决策。持股员工代表会由全体持股员工代表组成，代表全体持股员工行使有关权利。

华为通过工会委员会实行员工持股计划，员工持股计划参与人数接近10万，参与人均为华为员工。同时，任正非作为企业个人股东持有华为公司的股份，也参与了员工持股计划。

华为员工持股有以下几个特点：首先是普惠制，员工持股人数庞大；其次，其性质上属于"虚拟受限股"，持股员工要出钱购股，需要付出成本；再次，采用高分红、低价股的方式，给员工以保留与回购的条件；最后，是持续进行优化。

华为的内部股权制度对吸引人才的作用是非常明显的。过去华为有一种"1＋1＋1"的说法，即员工的收入中，工资、奖金、股票分红的收入比例是相当的。而股票是员工进入公司一年后，依据其职位、季度绩效、任职资格状况等因素进行派发的。

华为员工拿到股权的程序大致是这样的：每个营业年度公司按照员工工作的年限、级别等指标确定每个员工可以购买的股权数，由员工到一个叫资金事业部的地方去登记购买，通常，员工都是用年度奖金来购买，如果新员工的年度奖金不够派发的股票额，那么公司会贷款给员工。华为的员工很乐意这种贷款，因为，分红的比例历年以来都保持在70%上下，这是一个相当高的标准。

公司要求员工在一份文件上签名，但文件只有一份，签完名后立即被公司收回。在员工眼里，在这张纸上签字是购买股权的一个必然程

新资本思维： 如何开一家值钱的公司

序。员工交完购股款后并不会拿到通常意义上的持股凭证，每位员工具体的股数都由公司备案存档，员工只允许从股权登记册上抄下来自己的股权数。

从华为的股权结构和变更趋势看，华为实际上走的是一条从员工持股到高管层持股的道路。

华为员工历年来获得的高分红，源于华为从成立之初就实现了员工持股计划。红利的多少完全取决于企业的效益，这就使得华为的全体员工都关心企业的发展，而不只是一味关心个人的利益得失。华为处于高速增长的行业，企业的利润率高，因此分红的比例历年来都保持在70%左右的高位，这种有付出就有回报的立竿见影的效果，极大提升了员工的积极性，创造了华为高速增长的奇迹。

与华为情况相类似的还有娃哈哈。

杭州娃哈哈集团成立于1987年，前身为杭州市上城区校办企业经销部，从3个人、14万元借款起家，现已发展成为中国规模最大、效益最好的饮料企业。娃哈哈在全国29个省市建有58个基地，150余家分公司，拥有总资产300亿元，员工30000人。2010年，娃哈哈在全国民企500强排名第8位。

娃哈哈至今没有上市，一方面是因为企业自身现金流充裕，净利润每年达100亿元，平均每3天赚1亿元，娃哈哈上市融资的需求并不迫切。

PART 2　值钱企业养成观

图 2-6　娃哈哈品牌标识示意图

另一方面则是因为娃哈哈内部的股份结构。目前娃哈哈股东数量为15000人，而根据国家法律规定，企业上市之前股东数量不允许超过200人。之所以有如此多的股东，是因为娃哈哈在2013年已经实现了全体员工持股。

自2005年起，娃哈哈的员工只要在公司工作达到一定年限并通过考核，就可以拥有股份。全员持股首先使娃哈哈员工的收入快速增加；其次，员工持股以后真正变成了企业的主人。娃哈哈通过员工持股的方式，把员工的个人利益和企业利益结合在了一起，使员工的积极性更高、责任心更强。

"全员持股应当做到一视同仁，让全体员工均有机会成为其会员，从而尽可能调动全体员工的积极性。"这就是娃哈哈的创始人、现任杭州娃哈哈集团有限公司董事长兼总经理的宗庆后对全体员工持股所做

新资本思维： 如何开一家值钱的公司

的描述。

娃哈哈在推行全体员工持股时，还充分考虑到持股员工的困难和问题，特别是对于暂时持股存在困难的员工，集团采取了适当的保障措施，真正实现了员工持股的公平性。比如在一些员工资金短缺时，娃哈哈采用企业担保、银行贷款的形式让困难员工获得资金购买股份，再通过分红收益来偿还贷款，这种方式可以防止将经济困难的员工拦在员工持股的门槛之外。

同时，在娃哈哈的全体员工持股规划中，还适当引入了竞争和退出机制。员工持股不仅要与其对企业的贡献大小挂钩，企业还要定期对员工持股额度进行调整，同时引入退股机制，这样可以杜绝持股员工的懈怠心理，避免员工持股陷入终身制而无法真正起到激励员工的目的。

从华为和娃哈哈的案例中我们能够看到，这两家企业之所以不进入资本市场，是因为其在企业内部已经建立了完善的股权制度，这种制度相当于在企业内部实现了"上市"，而股东就是自己的员工。必须承认的是，华为与娃哈哈的这种做法并不具备共性的代表意义。

下面我们再来看一看另一家不上市的值钱企业——老干妈。

贵阳南明老干妈风味食品有限责任公司成立于1996年，是国内生产及销售量最大的辣椒制品生产企业。有数据显示，老干妈2016年度销售额突破45亿元，20年间产值增长超过600倍。老干妈一瓶辣椒酱平均8元,每天生产230万瓶,一年用4.5万吨辣椒、10万多吨菜油;近3年来年缴税20.62亿元,20年来纳税额增长了150倍。公司的创始人是今年70岁的陶华碧,这个连字都不识的农村妇女,年近50岁才开始创业,20年间就创造出了中国最大的辣椒食品品牌,如今陶华碧的身价已经逼近70亿元。

图2-7 老干妈产品示意图

2003年,曾有政府领导建议陶华碧让老干妈借壳上市,通过融资进一步扩大规模,但被陶华碧拒绝,她说自己的公司不差钱,也不需要融资。陶华碧认为有多大能耐就做多大事业,一上市,就可能倾家荡产。

多年来,陶华碧一直坚持"不贷款、不融资、不上市,不让别人入股,也不去参股、控股别人",并为此多次拒绝了地方政府的上市提议。老干妈的股东结构也异常简单:只有陶华碧和两个儿子。大儿子持49%股份,主管市场;小儿子持股50%,主管生产;陶华碧本人,仅持1%的股份。

新资本思维： 如何开一家值钱的公司

如果分析老干妈不上市的原因，我们能够从老干妈创始人陶华碧的话里找到一些端倪，陶华碧曾就上市问题说过："上市、融资这些东西我一概不懂，我只知道一上市，就可能倾家荡产。"她有一句"四不"名言："不偷税、不贷款、不欠钱、不上市"。

陶华碧文化程度不高，正是为了避免在不熟悉的资本市场里冒险，陶华碧采取了干脆不进去的做法，这也是很容易理解的。老干妈远离资本市场的行为实际上体现的是创始人的判断与决策，因此也具有鲜明的个案特征。

华为、老干妈和娃哈哈毋庸置疑都是值钱的企业，但它们却没有通过上市的方式来获取资本市场的支持。这其中有这样或那样的原因，但通过对它们自身情况的分析可以看出，它们对资本市场的态度与行动，都具有鲜明的个性色彩，可以说是值钱企业中的"另类"，因此笔者认为，他们对资本市场的态度并不具有普遍性与典型性，这一点要提醒读者朋友们特别注意。

PART 3

做值钱企业的五个步骤

新资本思维：如何开一家值钱的公司

前文我们通过很多案例揭示了什么样的企业是"值钱"的企业，也感受到了值钱企业与赚钱企业在玩儿法上的不同。那么，想要创立一家值钱企业，或用值钱企业的玩儿法打造公司，到底应该怎么去做呢？这就是本书第三部分的重点内容，如果你想知道答案，那么就请看下去吧。

做值钱企业包含以下几个步骤，分别是：

一、拥有值钱的思维；

二、组建值钱的团队；

三、拿到值钱的钱；

四、在研发、运营层面重磅投入；

五、伺机并购。

下面我们来逐一解读这些步骤。

PART 3 做值钱企业的五个步骤

步骤一：拥有值钱的思维

作为企业创办人，从开始做企业就要明确退出路径，了解资本市场的情况，所做的所有工作和规划都要严格按照资本市场的要求去做。

想要做一家值钱企业，最基本的一个条件就是领导者必须拥有"值钱"的思维。我们都知道思维决定行动，而值钱企业无论从战略层面还是运营层面与赚钱企业所采用的方式方法都是截然不同的，这种不同来源于对企业发展方向、发展方式以及实现方式的不同理解。

你拥有值钱的思维吗？

想要做一家值钱企业，作为创始人必须问一下自己这个问题："我拥有值钱的思维吗？"什么样的思维是值钱的思维？

饿了么是一家网上订餐平台，2009年4月，由张旭豪、康嘉等人在上海创立。截至2014年10月，饿了么的业务已覆盖全国近200个城市，加盟餐厅数共计18万家，日均订单超过100万单，团队规模超过2000人。

从饿了么的发展轨迹中，我们能够得到一些不一样的启示。比如在2014年，美团在各城市高校的市场份额与饿了么非常接近，于是饿了么创始人张旭豪采用了补贴或者说是烧钱的方式来应对竞争。在互联网公司的竞争中,金钱就像燃料,通过不断补给燃料,公司的增长速度才能保持下去。当企业发现有落后的危险时,唯一的方法和最好的方法,都只能是继续"踩油门"。

图3-1 饿了么品牌标识示意图

于是,饿了么的每一个城市经理都被安排同远在上海公司总部的CEO张旭豪开视频会议。在视频会议的开头,张旭豪和颜悦色地同他们打招呼,回忆曾经在什么地方见过,然后了解一下当地的市场情况。聊完这些之后,他突然爆发了,拍着桌子开始咆哮:"市场份额才是第一!不要管成本!只要市场份额!"

除了高度重视市场份额与扩张战略外,饿了么能够在竞争中胜出,并跻身值钱企业的另一个重要的原因,是他们做出了一些商业模式上的创新。饿了么开发了面向商家的Napos系统,入驻饿了么的商家,可以通过这套系统管理订单。更重要的是,张旭豪打破了订餐行业以往通行的收取提成的模式,转而采用收取一笔固定服务费的方式。"一年4820元,半年2750元,三个月1630元",这就是饿了么的收费标准。

PART 3　做值钱企业的五个步骤

张旭豪曾说:"我能够一下子收到钱,商家确实也觉得方便,这时候其他平台还在收提成。"通过这种模式,饿了么的用户数量急剧增长,一下子把很多竞争对手干掉了。

2011年3月,饿了么拿到了第一笔投资,是金沙江朱啸虎投资的100万美元。2013年11月,饿了么获得了2500万美元的C轮融资,红杉资本领投,前两轮的投资方金沙江和经纬跟投。

2015年1月,饿了么宣布获得新一轮3.5亿美元融资,本轮投资方包括中信产业基金、红杉资本、大众点评,以及新引进的腾讯和京东。2015年8月,饿了么获得6.3亿美元融资,由中信产业基金、华联股份领投,创下全球外卖平台单笔融资金额最高纪录。

2015年11月,饿了么获得滴滴出行战略投资,金额未披露。2015年12月,饿了么又获得了阿里巴巴12.5亿美元投资。获最新一轮融资后,饿了么的估值已经超过40亿美元。

毫无疑问,饿了么经过短短几年发展已经成为一家名副其实的值钱企业。从它的成功里,我们看到了拥有值钱思维的重要性。饿了么从一开始就没有纠结于盈利的问题,而是采用不计成本的扩张方式极力做大企业,"不管成本,只要市场份额"的观念根植于企业创始人张旭豪的脑中。值得庆幸的是,张旭豪的思维是值钱的思维,他看到的是公司在资本市场的前景,是公司在投资人眼中的前景,而没有局限于眼前利润的得失,这就是一家值钱企业运营的基本思维。

下面案例中的这个企业读者朋友们都不陌生,它就是在前文曾提到

新资本思维： 如何开一家值钱的公司

过的贝贝网。

贝贝网的创始人张良伦曾在阿里巴巴工作，是阿里巴巴高级产品经理，负责阿里巴巴旺铺、公司库、供求信息、阿里助手等业务。2010年，淘宝开放平台，张良伦从中看到了导购市场的机会。一方面淘宝把导购的商品属性开放了出来；另一方面导购的盈利模式很清晰，只要为淘宝带来订单就可以获得一定的佣金。

图 3-2 贝贝网官网首页截图

借助淘宝平台的运作方式，张良伦在 2011 年创办了自己的第一家公司米折网。作为一家专注于网购省钱的电商导购平台，米折网获得了 3000 万美元的融资，在米折网完成融资后，张良伦又瞄准了新的

"战场"——母婴市场,创立了贝贝网。

如今的母婴市场一片生机盎然,但母婴市场人群的特殊性决定了其与垂直领域电商的差异性。从导购平台转战母婴电商,在张良伦看来都是顺其自然的事:"做米折的过程中,我们发现25～40岁的妈妈群体很庞大。能不能针对这个人群再提供一些更深层次的服务?我们调研了市场,发现整个母婴市场销售数据增量非常明显,并且目前国内也没有一家母婴企业在B2C领域树立领导地位,未来母婴市场的发展空间非常大。"

自从红孩子被苏宁收购后,母婴市场垂直电商一直没有出现领头羊,但随着京东、天猫、当当众多综合性平台涉足,母婴市场的竞争呈愈演愈烈之势。而贝贝网之所以能在纷杂的竞争中立足,依靠的是独特的思维。

张良伦曾说:"综合性的平台在很多类目上都有很好的规模,但从长远来看,每一个细分市场都有可能有潜在的B2C平台出来。我们把自己定位为分众电商,专门针对某一特定人群做B2C。另一方面,传统电商是基于卖货的思维,但我们是消费者电商的思路,针对平台的目标客户筛选产品满足消费者的需求。"

在经历了迅速的品牌扩张、流量扩张与规模扩张后,2015年1月,上线仅仅9个月的贝贝网即获得一亿美元C轮融资,估值近10亿美元。仅仅一年后,贝贝网再次完成了新一轮一亿美元融资,成为2016年第一个获得大额资本流入的电商"独角兽"。

国内知名大数据研究公司QuestMobile发布的2016年1～5月移

新资本思维： 如何开一家值钱的公司

动电商专题研究报告中的数据显示：在母婴电商市场，贝贝网以1122.7万月活跃用户数的绝对优势领跑整个母婴电商，是第二名蜜芽的4.8倍，也是第二、三、四、五名总和的3倍以上，显示出一家独大的态势。

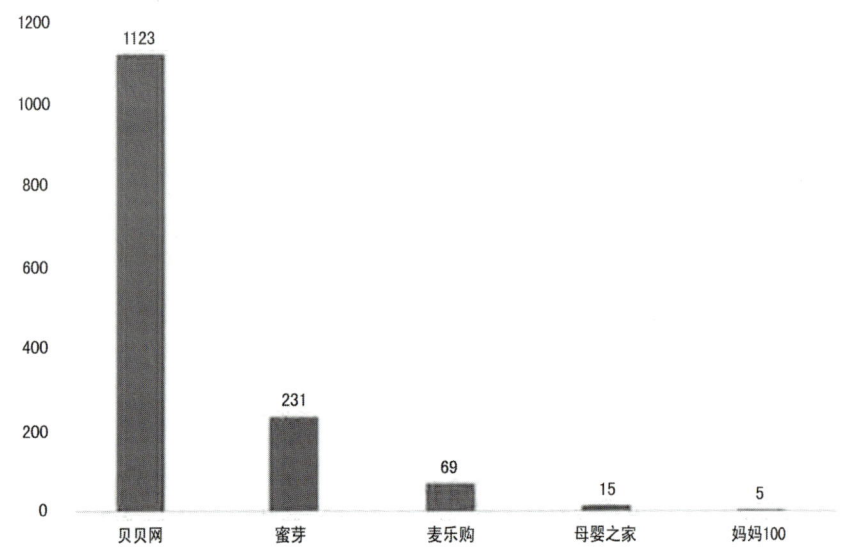

图3-3 2016年5月移动母婴电商APP月度活跃用户规模（万）

这样的绝对优势，意味着中国母婴电商格局基本定型，而中国母婴电商市场也遵循着二八法则，即行业老大占有70%的市场份额，而老二通常占有20%的市场份额，其他选手则在剩余10%的市场份额里生死竞速。从月活跃用户数衡量，贝贝网以超过千万的总量，牢牢占据了母婴电商市场NO.1的位置。

贝贝网的成功与其创始人张良伦有着直接的关系。张良伦出身阿里巴巴，那是一家公认的值钱企业。张良伦为在为值钱企业工作的日子里，最重要的收获就是拥有了值钱的思维。带着值钱的思维从阿里巴巴出来后，张良伦把这种思维植入了贝贝网。拥有了值钱思维的贝贝网，在很短的时间里就成为了值钱的企业，这从表面上看让很多赚钱企业的领导者很难理解，但如果从思维的角度来解读，就容易解释得多了。这是因为张良伦从一开始就没有打算赚微薄的商品利润或者服务利润，而是直接把利润目标锁定在了资本利润上，他在贝贝网所做的一切都是为了获得资本利润，这就是值钱的思维，这就是贝贝网创立仅仅两年多就能够成功估值超过 10 亿美元的原因。

拥有值钱思维的企业创始人不止张旭豪和张良伦，还包括滴滴打车的程维、7 天连锁酒店的郑南雁……他们都是拥有值钱思维的人，因此他们的企业也都成为了值钱的企业。

那么，如何才能拥有"值钱"的脑袋，如何才能获得"值钱"的思维呢？

如何拥有"值钱"的思维？

经过前文的介绍，想必读者朋友们对值钱的思维已经比较了解，那么作为企业的领导者怎样才能拥有值钱的思维呢？

首先，企业领导者必须摒弃固有的赚钱思维。要知道，拥有值钱的思维并不一定需要你拥有值钱的背景，拥有值钱的意识比什么都重要。在前文我们就谈到过这样一个现象：很多企业的领导者具备的都是赚钱思维，享受的是产品利润。而做值钱企业的思维与此截然不同，值钱的企业追求的是资本利润,这就要求企业的发展终点必须是投入资本的怀抱。

其次,企业领导者如果想要拥有值钱的思维,必须重新审视自己,在当下的市场环境中做出改变。让我们看看那些已经成功登陆中小板或创业板的企业,它们之中不乏传统企业,正是那追求资本利润的心让他们拥有了值钱思维,从而在行业里脱颖而出,享受到了资本盛宴所带来的巨额财富。

图 3-4 桃李面包门店

桃李面包(股票代码:603866)的前身是沈阳市桃李食品有限公司,成立于1997年1月23日,注册资本为50万元。桃李面包是一家集面包、月饼、粽子等烘焙类食品生产、销售为一体的企业，因其产品营养、味美、附加值高而受到消费者欢迎。2007年7月，桃李面包发起人吴学群与吴志刚签署《发起人协议》，将桃李食品有限公司变更为沈阳桃李面包股份有限公司。截至目前，桃李面包共拥有14家全资子公司，在全国已拥有12家专业现代化的生产基地，在东北、华北、华东、西南、西北等12个中心城市及周边地区建立了4万多个零售终端，其中包括许多大型商超，如家乐福、沃尔玛、大润发、乐购、北京华联、华润万家等。

2016年，这家快消食品行业的传统企业登录资本市场。其实，桃李面包从2005年就开始谋划上市，但期间两次遭遇IPO暂停。桃李面包于2007年进行了股份改造，名称也变更为桃李面包股份有限公司。2008年，桃李面包宣布接受德邦证券的指导，意欲冲刺中小板，其后，桃李面包将保荐人换成中信证券，上市地也改为上交所，希望尽快进入资本市场的意愿十分明显。

根据招股书显示，桃李面包2014年、2013年、2012年资产负债率分别为15.95%、13.48%、17.06%，远低于同行业上市公司这三年的平均资产负债率40.32%、43.50%、41.72%。可见桃李面包现金流充足，并不存在过大的资金压力。此外，该公司在IPO前曾多次分红，2012~2014年，桃李面包累计现金分红2.36亿元，占2012~2014年合计净利润的31.82%。2015年2月，该公司又派发了8102万元的红利。

桃李面包2014年实现营业收入20.58亿元，同比增长17.06%，相对于2013年15%的增速有所提高。但从产品毛利率来看，该公司

新资本思维： 如何开一家值钱的公司

2012~2014年的毛利率分别为35.99%、34.79%、33.32%，呈逐年下滑态势。此外，对比同行面包新语2012~2014年53.97%、53.04%、52.68%的毛利，桃李面包的毛利明显偏低。很显然，桃李面包早就看到，仅仅依靠产品利润是无法让企业在行业里获得更大优势的。因此，资本市场成为桃李面包的终极归属地。

从桃李面包上市的案例中我们能够看到，一家传统企业通过股份改造实现了从赚钱思维向值钱思维的过渡，最终享受到了资本市场所带来的资本利润，同时也使企业比从前更加值钱了。

类似的案例还有很多，下面让我们再来看安记食品这家企业。

图3-5　安记食品品牌标识示意图

安记食品（股票代码：603696）股份有限公司成立于1995年，经营范围包括制造调味品、食品研究开发、调味品进口、调味品批发等。经过20多年的发展，安记食品拥有了丰富、完整的产品类别，目前销售的产品品种达到 500 多个，构建出以复合调味粉为主导，以天然提取物调味料、香辛料、酱类、风味清汤为补充的产品体系。安记食品 2013 年荣获中国调味品产业"最具综合实力企业""最受资本市场关注企业"的称号；2014 年又荣获中国调味品产业"最具投资价值企业"及"最具国际影响力企业"的称号。

安记食品于 2015 年底在上海证券交易所上市，对于安记食品这样专注复合调味品的企业来说，上市的同行业企业非常少，整个行业还处于原始的竞争秩序中。安记食品的上市无疑使自己脱离了常规的行业竞争序列，站到了更高的层面。安记食品称发行股票所募集的资金将用于年产一万吨 1∶1 利乐装调味骨汤产品生产项目、年产 700 吨食用菌提取物及 1625 吨副产品生产项目、研发中心建设项目、营销网络建设项目以及补充流动资金，总投资 4.85 亿元。试想，如果不通过资本市场融资，单凭安记食品将很难将上述所有项目设想完全实现。

安记食品凭借资本的力量在市场中率先发展，同时依靠融资推动渠道扩张，实现迅速铺货，走出了中小企业发展的一条新路径，从而完成了从赚钱企业向值钱企业的华丽转身。而此时，同行业里的绝大多数企业却并未从赚钱的思维中醒来，仍然手捧着微薄的产品利润前行。

前文我们曾谈到产品利润与资本利润之间的差别，其实拥有值钱的思维也可以更直接地理解成资本思维，即所谓的"摒弃产品利润，拥抱资本利润；舍弃产品思维，移植资本思维"。

现在的中国，已经逐渐脱离"产品经济"进入到更高层次的"资本

新资本思维： 如何开一家值钱的公司

经济"时代。什么是"资本经济"时代？简而言之，就是在市场经济的基础上加一根杠杆，在物理学上杠杆的作用是利用力臂将力量放大，从而翘起更大质量的物体。经济上多了这一根杠杆，企业的活动空间和灵活性都将大大增强，这其实就是资本思维，而那根杠杆就是资本。

要想拥有资本思维，必须先深刻理解什么是资本。广义上的资本并不仅仅指钱，还包括对资源的支配权，通过对资源支配带来更多的支配权就叫作资本运作；而通过资本运作优化和财富配置，实现企业发展效率的最大化，就是资本运作对企业发展的最直接价值。

因为资本有趋利性和增值性，追求利润最大化，会促使资本永远流向效率、效益最大化的方向。比如社会资源会流入最有效率的国家和地区、商业资源则会流向最有效率的产业、最有效率的企业、最有效率的项目、最有效率的个人。

从经济层面来看，未来社会只可能有三种角色。

第一类角色是资源的拥有者。他们是资源的最直接拥有者，依靠出卖自己的资源生存，比如农民靠耕地、工人靠做工、医生靠医术、作家靠写作等等。

第二类角色是资源的配置者。资源是谁的并不重要，关键要有资源的配置权。这类角色依靠配置资源获利，从事资源的投入、整合、运营、产出工作，这类角色以企业家为主，创业者也属于此类。

第三类角色是资本家或投资人。他们离资源最远，但是所有资源却统统归他们掌控。风险投资者就属于此类人，比如投资了马云的孙正义。这类角色可以控制一切资源的流向，可以通过金融体系支配大量别人的资产。

综上来看,资源名义上是资源拥有者的,实际上却是投资人的。未来看一个企业的发展潜力,关键是看企业能够配置多少资源。按照这样的思维,如果从企业的角度来看,企业未来的发展无非三条路:出售资源、配置资源、掌握资本。

出售资源即企业通过做产品来赚钱,依靠出售产品获得生存与发展的基础,维持企业的正常运营。配置资源即通过设计和优化资源的配置赚钱,企业的收入跟配置的效率成正比,上不设限,但同时也要为资源配置承担风险,下限就是倒闭破产。无疑,配置资源需要创新精神,所谓创新就是对新产品、新市场、新的生产方式、新组织的开拓以及新的原材料来源的控制调配。掌握资本即一个企业通过与资本的联合来获得成长所必需的各种条件,从而实现自身的快速成长。

很显然,作为第二类角色的企业家,想要让自己的企业获得发展,从而支配更多资源(也就是更值钱),应当竭尽全力地去掌握资本。如果想要掌握资本,那么合作的对象就肯定不是第一类角色而是第三类角色,即资本家或投资人。第一类角色是帮你研发产品的,而第三类角色才是帮助你获得更多资源配置权的。

曾经有一家公司表示自己从来不做研发,而是让市场上一些小公司做研发,如果成功,就花钱买过来,如果小公司不卖,就把这个小公司的几个核心员工挖过来。其实这就是典型的资本思维。

让我们再看一个例子,如果你开了家小饭店,你自己炒菜水平很高,如果自己当厨师,那么饭店每月净赚10000元;如果雇佣一个厨

新资本思维： 如何开一家值钱的公司

师，每月给他8000元薪水，那么饭店每月的净利就是2000元。你会如何选择？资本思维告诉我们要雇一个厨师。因为你只要能贷到每月1000元利息的一笔贷款再开一家分店，原来的饭店还能净赚1000元（还利息1000元，净赚1000元）。而你只需要这样复制开100家饭店，每个月就能净赚10万元。这是典型的具有资本思维的企业的经营方法，即用资本去赚1块钱，比用自己的付出赚100块钱更好。

为了更好地让读者朋友们理解这部分内容，我们再来看两个案例。这两个案例可以说是笔者独家的案例，是笔者在圣商讲课与辅导企业过程中遇到的企业领导者由赚钱思维向值钱思维过渡的典型案例，希望能够对大家有所帮助。

甘肃米大姐餐饮管理有限公司成立于2009年，旗下品牌"米大姐涮羊肉"倡导和引领"健康、养生"的涮羊肉理念，先后荣获"甘肃餐饮优秀企业""西北第一涮"等荣誉称号。该公司原本只是甘肃地区的餐饮连锁品牌，旗下拥有直营店5家，加盟店遍布嘉峪关、张掖、金昌、西宁、兰州西固、定西等地。2017年6月，米大姐走出国门，在美国纽约开设了曼哈顿分店，这不仅让中国传统民族美食走向了世界，更是"米大姐"资本化运营思维的体现。

为何一家中国传统的餐饮品牌要进军美国市场？这要从"米大姐"创始人米芳的思维转变说起。米芳1995年踏入餐饮行业，至今已有20多年，她是笔者见过的最勤奋的餐饮企业领导者之一，敢想敢干，雷厉风行。之前米芳一直是以产品利润思维做餐饮，用的是赚钱企业的发展模式。她思维的转变是从加入"圣商上市公司主席俱乐部"开始的。

PART 3　做值钱企业的五个步骤

图 3-6　圣商 CLC 主席俱乐部游学美国"米大姐涮羊肉"

在圣商深造的过程中，米芳的经营思维有了翻天覆地的变化，从原来的赚钱思维，转变为值钱的思维，她调整了公司的运营系统和管理系统，并将公司的股份进行了股改。2016 年 5 月，米芳跟随"圣商上市公司主席俱乐部"游学美国，并萌发了开拓美国市场的想法。回国后她经与高层商议，于同年 9 月再次前往美国考察市场，并为"米大姐涮羊肉"美国店选址。在开店前的筹备期，米芳花了 4 个月时间为美国店做战略定位、分析竞争对手，这在从前是没有过的。为什么这么做？因为米芳是以在纳斯达克上市为目标的，因此从一开始她就以在美国纳斯达克上市的标准对门店进行运营设计，这无疑是资本思维的成熟体现。

正因如此，"米大姐涮羊肉"美国纽约分店从开店伊始，就与国内的分店有着显著的不同，比如为了迎合美国人的口味，纽约分店提供

新资本思维： 如何开一家值钱的公司

免费咖啡，同时还把营业时间设定为24小时。

美国纽约分店开张后，米芳的下一步就是在美国各地复制门店，使"米大姐涮羊肉"美国店迅速扩大规模，以尽快实现她的上市计划。与此同时，在国内，"米大姐涮羊肉"也建立了一套新的运营体系，准备全力冲刺新三板或港股市场。

在此祝福米大姐国际化战略成功，愿更多中国餐饮企业借助资本思维像麦当劳、肯德基占领中国大街小巷一样，将分店开到世界上的每个角落，在英美强大之时，世界流行西餐，在中国强势崛起时（笔者完稿之时吴京导演的电影《战狼2》已破45亿票房），世界将会流行中餐，期待你创建的品牌也能流行全世界。

让我们再来看下一个案例。

广东埃文低碳（股票代码：871556）科技股份有限公司成立于2013年，主营业务是二氧化碳排放及节能交易、低碳技术与低碳产品研发、企业碳资产经营管理、教育培训等。对比业内竞争对手而言，埃文低碳在行业的权威性、资源整合能力、切入碳配额交易市场时机、低碳生态圈建设等方面都具有明显的优势。

笔者和该公司首席科学家、实际控制人周永章先生第一次见面，是在另外一家新三板企业广州能之源（股票代码：836224）的定向增发现场，周教授和笔者都是发言嘉宾。笔者在会上主讲的值钱公司的思维，给了周教授启发，也给广东埃文低碳带来了脱胎换骨的变化。

PART 3 做值钱企业的五个步骤

图3-7 广东埃文低碳科技股份有限公司在北京股转中心新三板挂牌成功

埃文低碳的管理层是清一色的技术型管理者，以低碳技术研究为主进入到低碳行业。因为低碳行业是创新行业，门槛高、竞争者较少，埃文低碳取得了一定的经营业绩。虽然埃文低碳的创始人具有一定的金融和资本思维，但还不足以让埃文低碳产生裂变式、跨越式的飞速发展。

自从和笔者相识，周永章先生就决定带领团队加入"圣商上市公司主席俱乐部"，这使埃文低碳的发展模式发生了根本变化。在圣商的帮助下，埃文低碳走上了与之前完全不同的路径，创造出了"一体两翼"的新商业模式，以低碳产业项目研发为基础，辅以碳资产管理与低碳咨询与培训业务，创造出一个以"产、融、智"为核心的互利共生的协作模式。埃文公司的商业模式、团队建设、股权设计都是以国际标

 **新资本思维：** 如何开一家值钱的公司

准的上市公司标准来打造的。

随后，圣商资本投资了埃文低碳，在圣商的支持下，在创始人团队的共同努力下，埃文低碳不到两年就在新三板成功挂牌，经营业绩保持年300%增长。圣商资本的投资也获得了超过25倍的账面回报。从公司成立到新三板挂牌成功，埃文低碳只用了三年半时间，而被圣商植入值钱的思维，是其关键转折点。埃文低碳的目标是三年实现100亿市值，在这里，笔者也祝福埃文低碳早日实现百亿市值。

以上两个案例告诉我们，企业创始人的思维模式升级异常重要，值钱和赚钱只有一字之差，却有天壤之别，资本利润和产品利润完全不在一个范畴里。

资本思维可以帮助企业找到资本、善用资本，用资本来助推企业发展。资本的作用在于可以对资源进行时空和结构上的调整，从而产生效率叠加之后的增值效果。对于企业领导者来说，资本思维之于企业，实际上就是让企业脱胎换骨的一个过程。

综上所述，对于企业领导者而言，值钱思维的修炼从任何时候开始都不算晚。如果你对于观念转换的学习与实践不知如何去做，那么笔者能够告诉你的捷径就是多与拥有值钱思维的人交流，学习他们的值钱思维与思路。

圣商资本（全名圣商资本管理有限公司），是圣商文化金融集团旗下的子公司，是一家拥有PE金融牌照的私募股权投资公司，已经成功

投资了马云的蚂蚁金服、王健林的万达影业、柳传志的神州优车、江南春的分众传媒（海外回归A股）、赵涛的步长制药（PRE-IPO）等一大批明星项目。成功投资30余家已经登陆新三板的企业；成功孵化50多家企业，成功登陆多层次资本市场；管理资产规模超过10亿元。

图3-8 圣商资本品牌标识示意图

圣商率先提出建设专业的上市流水线模式，旨在以"商学院＋投行＋创新资本"的生态系统模式为中国的民营企业提供专业的资本生态服务，帮助中国的中小微企业插上金融的翅膀；让想上市的企业可以高效、快速、正确地进入资本市场，获得更大的核心竞争力；让投资者可以通过股权资产的配置，享受资本大时代的红利，实现财富的增值。

圣商汇聚的是一群具有值钱思维的人，这些人里有传统行业的企业家、投资人以及拥有创新思维的学院派……并不是所有人在加入圣商前就都具有值钱的思维，相反，大多数人都没有，但是在值钱思维的圈子里待得久了，自然而然就会生出值钱的思维，这就是物以类聚，人以群分的道理。

新资本思维：如何开一家值钱的公司

步骤二：组建值钱的团队

做一家值钱企业，除了领导者要具有值钱的思维外，还必须拥有一个值钱的团队。俗话说"一个好汉三个帮"，做企业的都知道团队的重要性，那么值钱的团队到底有什么不同呢？

什么是值钱的团队？

首先，我们必须了解什么是值钱的团队。你可以审视自己企业的合伙人或高管，看看他们是否具备值钱团队的素质。

大名鼎鼎的小米（北京小米科技有限责任公司）成立于2010年，是一家专注于智能硬件，智能家居以及软件开发的公司，公司估值高达450亿美元。2011年，小米开始手机硬件设计制作，仅仅一年的时间就发布了第一款小米手机。在小米公司所获得的巨大成功背后，是堪称超豪华阵容的联合创始人团队。

小米的创始人团队一共有7个人，分别为创始人、董事长兼CEO雷军，联合创始人及总裁林斌，联合创始人及副总裁黎万强、周光平、黄江吉、刘德、洪锋。

小米的董事长兼CEO雷军1992年加入金山软件，1998出任金山软件首席执行官。2007年，金山软件上市后，雷军卸任金山软件总裁兼首席执行官职务,担任副董事长。随后的几年,雷军作为天使投资人,投资了凡客诚品、多玩、优视科技等多家创新型企业。2010年7月14日,雷军重返金山执掌网游与毒霸。2011年7月11日,雷军正式担任金山软件董事长一职。用雷军自己的话说:"40岁前已经干了不少事:卓越卖了、金山上市了,还参与了天使投资。"

图3-9 小米创始人团队

林斌是小米科技的联合创始人,担任小米科技总裁的职务。他1990年毕业于中山大学,1992在美国Drexel大学获得计算机科学硕士学位。1995～2006年历任微软亚洲工程院工程总监,微软亚洲研究院高级开发经理,微软公司开发主管等职务,先后参与了包括Windows

新资本思维：如何开一家值钱的公司

Vista、IE7等产品的研发工作。林斌2006年年底加入谷歌，任谷歌中国工程研究院副院长、工程总监、Google全球技术总监，全权负责谷歌在中国的移动搜索与服务的团队组建与工程研发工作。在谷歌期间，林斌带领团队发布了包括本地搜索、相关搜索、手机资讯、天气与股票信息、图片搜索、谷歌地图等一系列针对中国用户的移动产品。同时，他还组建了谷歌工程研究院娱乐多媒体和桌面软件研发团队，参与了YouTube的本地化工作，并带领团队发布了包括视频搜索、谷歌拼音输入法、Toolbar、Linux Desktop等一系列产品。

黎万强是小米科技联合创始人、副总裁。他曾任金山词霸总经理，在2000～2003年，参与了金山毒霸、金山词霸、WPS Office等多个知名软件项目的开发。黎万强是金山人机界面设计部的首席设计师、金山软件设计中心设计总监，互联网内容总监，是国内最早从事人机界面设计的专业人员之一。

周光平是小米科技联合创始人、副总裁，负责硬件团队及BSP。他于1991年获美国乔治亚理工大学博士学位。周光平1995年加入摩托罗拉，曾任摩托罗拉北京研发中心高级总监、摩托罗拉个人通信事业部研发中心总工程师及硬件部总监，摩托罗拉中国研究院通信专利委员会副主席，摩托罗拉亚太区手机质量副主席。

黄江吉是小米科技联合创始人、副总裁。他毕业于全美大学排名第6位的普渡大学，1997～2010年就职于微软公司，是原微软中国工程院的开发总监。

刘德是小米科技的7位联合创始人之一、副总裁。他毕业于美国艺

PART 3　做值钱企业的五个步骤

术设计中心学院（Art Center College of Design），获得工业设计硕士学位，创办了北京科技大学工业设计系，并担任系主任。ACCD建校80多年来，只有20多位中国毕业生，刘德便是其中之一。

洪峰是小米科技联合创始人、副总裁。2001～2005年，洪峰在甲骨文公司Siebel项目工作四年，是负责服务器性能和大型专业系统的可扩展性的Web应用程序的首席工程师。2005年他进入Google美国，任高级软件工程师，是Google日历、Google地图3D街景项目的主要负责人。2006～2010年，洪峰回国后任Google中国谷歌垂直搜索产品经理、音乐搜索产品经理、Google中国高级产品经理。

我这里不厌其烦地把小米公司创始人团队中每个人的履历展示出来，目的就是让读者朋友们从他们的履历中找到关于值钱团队的灵感。如果仔细分析小米创始人团队成员的共性不难发现：首先，这些人都曾经是企业的高管，拥有超越常人的企业管理能力与经验；其次，他们都曾经为值钱的企业工作过，见证了值钱企业的成功过程，因此身上已经带有了值钱的基因，拥有了值钱的思维；最后，他们每个人都曾经在自己的岗位上获得成功，因此对于如何获取成功都有着积极的身心体验。

我们不能说小米公司的成功完全是因为创始人团队的这7个人，但不能否认的是，正是这7个人所组成的小团队带领小米步入了值钱企业的行列，从而使小米公司在竞争激烈的手机行业里脱颖而出。

下面我们再来看另外一个案例。

新资本思维： 如何开一家值钱的公司

图 3-10　蔚来汽车 NIO ep9 发布会现场

蔚来汽车（股票代码：300104）是一家从事高性能智能电动汽车研发的公司，由顶尖互联网企业和企业家投资数亿美金所创建，包括领先的互联网企业腾讯创始人马化腾、易车创始人李斌、汽车之家创始人李想、京东创始人刘强东，及知名投资机构高瓴资本等。蔚来汽车不仅仅是一家汽车公司。其致力于以极致的电动智能汽车产品为基础，重新定义服务用户的所有过程，为用户提供超越期待的全程愉悦体验。蔚来汽车致力于成为一家以服务用户为使命的公司，一家在移动社交时代所有用户都共同拥有的用户企业。

蔚来汽车的管理团队中包括易车公司创始人、董事长兼 CEO 李斌，他目前还担任易车网董事长、摩拜单车董事长。围绕互联网和汽车行业，李斌至今参与创办及主导投资了超过 40 多家企业，2008 年被中国汽车流通协会（CADA）评为30年来中国汽车流通行业最具影响力的十大杰出人物之一。

蔚来汽车联合创始人、联合总裁秦力洪是北京大学法学硕士、哈佛大学公共政策硕士，在品牌战略发展、市场传播和商业发展领域具有15年的管理经验。加入蔚来汽车前，他曾担任龙湖地产执行董事兼首席市场官，还曾担任奇瑞汽车销售有限公司副总经理，分管市场传播部门，兼管西北、华南区域销售和售后服务。在汽车、娱乐、电信、电子消费产品、快销和零售产业等多个领域均有建树。

蔚来汽车联合创始人、执行副总裁、驱动科技总裁郑显聪毕业于台湾成功大学，在汽车领域有非常丰富的工作经验和全球化视野。2005年，郑显聪作为福特全球采购副总裁协助长安福特在南京立足；2007年，他担任菲亚特亚太区采购副总裁，并于2010年兼任广汽菲亚特总经理；2013年郑显聪任玛涅蒂马瑞利中国区总裁；2014年7月兼任菲亚特（中国）董事长兼总裁、菲亚特克莱斯勒亚太地区副总裁、菲亚特金融公司董事长，负责对外关系、政策和政府事务部。

Padma Warrior是蔚来汽车（北美）CEO，她有着丰富的科技行业工作经验，连续担任思科全球首席技术与战略官和摩托罗拉首席技术官，除此之外她还在微软、云存储公司Box、Gap、索恩照明（Thron）等机构担任董事会成员。

蔚来汽车副总裁汪冬宁有近20年的汽车及能源行业财务管理经验，他曾任捷豹路虎中国执行副总裁，全面负责捷豹路虎中国财务及政府事务，并直接领导捷豹路虎中国汽车金融等一系列工作。汪冬宁

新资本思维： 如何开一家值钱的公司

在戴姆勒·克莱斯勒公司美国总部及亚太区服务7年，担任其财务部门重要职位，也曾在克莱斯勒日本担任首席财务官一职。

蔚来汽车管理团队的履历就是典型的值钱团队。有了这样的团队，蔚来汽车又怎么会为融资而发愁呢？

2015年7月引入A轮融资后，蔚来汽车的估值就达到了惊人的5.15亿美元。2017年春节后，蔚来汽车开启C轮融资，融资规模约6亿美元。本轮融资前其估值达到20亿美元，由百度（一亿美元）和腾讯（一亿美元）领投，包括中金公司等新老股东跟投，圣商投资也参与其中。

从上述几个案例来看，很多值钱团队的成员是为值钱企业工作过的高管，当然这里有一个前提，那就是你所寻找的值钱团队的成员必须认同企业发展的理念，符合企业发展的需求。早在1800年前的三国时期，组建值钱团队的例子就已经出现了。

我们都知道三国时期的刘备，他组建值钱团队是以家喻户晓的刘、关、张桃园三结义开始的。刘备、关羽、张飞初次见面时，刘备就自我介绍说："我本汉室中青，姓刘名备，字玄德，今闻黄巾战乱，有志破贼安宁……"从刘备的自我介绍中可以看出他志存高远。桃园结义只是刘备企业发展的一个开头，刘备从自己一个人到有了两个兄弟跟随，从量上看是一小步，但是在战略意义上却是一大步，桃园三结义使刘备有了一个坚强有力的创业核心团队，这是刘备事业成功的关键。

PART 3 做值钱企业的五个步骤

图3-11 刘备、关羽、张飞漫画

随后,司马徽、徐庶先后向刘备推荐诸葛亮。首先是司马徽,他在刘备跃马檀溪到他家避难时告诉刘备,"卧龙凤雏二者得一可安天下";徐庶是母亲被骗至曹营才被迫离开刘备的,当时刘备正为军中缺乏人才而烦恼,于是徐庶向刘备推荐了南阳的孔明先生。很显然,对于诸葛亮这个值钱的人才,刘备志在必得,这才有了后来的"三顾茅庐",刘备最终成功地将诸葛亮"忽悠"进了自己的团队。后来的故事我们都很熟悉,尽管刘备最初实力弱,但凭借手中的值钱团队打下了蜀中江山,使天下形成了三足鼎立的局面。

从组织结构方面来分析,在一个值钱的团队中,应当有明确的团队架构。只有合理的团队组织才能使团队绩效得到极大提高。一般而言,一个广义的团队架构包含整体层次、任务层次和个体层次,团队的成

新资本思维： 如何开一家值钱的公司

功依赖于这三个层次的齐心协力。这样的架构设计是为了使团队分工明晰、统一指挥、职权对称、人职结合。我们都知道，在团队结构中，要尽量做到规范化和扁平化，通过减少团队内部的管理层次压缩职能结构，使团队组织紧凑且富有弹性。另一方面，团队的架构还受到企业战略、内外部环境、生产技术和设备、规模与组织所处的发展阶段等因素的制约。

而我们这里所说的值钱团队与广义的团队概念存有差异。首先，值钱团队的成员都具有较高的层次，并不是基层团队成员，他们的任务是带领各自的团队去实现企业的发展战略，因此，值钱团队里的每个成员在企业发展过程中的分量都更重。其次，对于值钱团队的管理，与一般团队有很大区别，不能简单地使用普通的团队管理方式，要更多地采用柔性管理，即以人为中心的人性化管理方式。企业领导者需要在懂得人的心理和行为规律的基础上，采用非强制性方式，在值钱团队成员的心目中产生一种潜在说服力，从而把组织意志变为其个人的自觉行动。最后，值钱团队的工作目标与普通团队也有很大不同，它并不是以工作量与工作效果来衡量，而是更多地反映在企业整体市场占有率、企业融资、并购等上层战略性目标的完成度上。

因此，从上述这些方面来看，值钱团队无论在人员构成、管理方式还是工作目标上，都与传统意义上的团队有着显著差别。

在本节里，我们看到了小米和蔚来汽车这样的企业极力组建值钱团队的事实，也有刘备组建值钱团队打天下的前车之鉴，但具体到行动层面还是会有很多细节上的困惑，总结起来就是"到底怎么做才能打造出值钱的团队？"为了解决这个问题，我提炼出了值钱团队的锻造方法，供读者朋友们在实际执行层面参考。

值钱团队锻造法一：用梦想吸引值钱的人

值钱团队的打造需要经历一个过程，同样也需要运用一些方法，毕竟你所寻找的是能够让企业变得更加值钱的团队成员。这里为读者朋友们提供的值钱团队锻造方法的第一条就是：用梦想吸引值钱的人。

这里的梦想指的是企业的发展梦想，我们也可以理解为企业愿景，而不是赤裸裸的高薪。在诸多国际知名大企业中，微软的愿景是让每一张桌子上都有一台电脑，于是微软成为了世界软件霸主；迪士尼的使命是给人类带来快乐，于是迪士尼成为世界头号娱乐帝国；强生公司的价值观是客户第一、尊重员工、回馈社会、回报股东，这样的价值观让强生公司历经磨难，最终成为百年企业……这就是愿景的力量。

很多人也许会认为，只要支付足够多的薪水就能够吸引值钱的人，然而事实并不是这样。笔者的观点是：人才市场无人才，所有的顶尖高手都不会因为高薪而跳槽。值钱的人之所以值钱，是因为他们具有值钱的思维与基因，因此他们绝对不会见钱眼开，只可能因为更大的梦想与愿景而重新做出选择。

让我们来看下面的案例。

新资本思维： 如何开一家值钱的公司

圣商集团创建的圣商大家族是"中小企业O2O教育金融平台"，由一群有梦想和使命的企业家组成，致力于打造"中国第一条专业上市流水线"，规模化、标准化、流程化打造和孵化上市企业。

圣商集团旗下有圣商学院、圣商金融、圣商医疗等几大板块，两年时间在全国开设了1000多家运营合伙人机构，企业家会员近10000人，成功投资蚂蚁金服、万达影业、神州优车、分众传媒、步长药业等明星项目，投资项目中31家企业成功登陆新三板。

圣商大家族以传承中华商魂，成就当代圣商为使命，以诚善、利他、超越、传承为核心价值观，以活出正能量、日精进、释放爱、心纳苍穹为圣商精神，践行合法、互助、爱国的行为准则，并发愿助推祖国更加富强，助推人类社会更加和谐、繁荣、幸福。

在圣商集团所组建团队中，有很多人可以称得上是值钱的人，他们曾经是国内外知名企业的高管，而之所以会走进圣商的团队体系，正是因为圣商所拥有的"大梦想"。

圣商文化金融集团副总裁、圣商学院副院长、圣商集团咨询与研究事业部总经理沈兴鹏，是管理学博士，曾先后就职于世界500强企业诺基亚、搜狐等，并曾在国内领先的咨询培训机构担任高级项目总监、事业部总经理、高级咨询合伙人等职位。

圣商集团财务总监孙姝，毕业于山东财经大学会计电算化专业，曾经就职于清大国华（股票代码835796）、天润康隆（股票代码430342）

PART 3　做值钱企业的五个步骤

等多家新三板上市公司。她拥有20多年的财务从业经验，积累了丰富的财务管理、税收筹划等多方面的综合管理工作经验。

圣商商学财务总监刘思镁，拥有清华大学MBA、牛津大学MBA双学位，中国注册会计师，是资深股权投资、投行、财务专家。她熟悉医疗行业、金融业等多个领域，曾担任A股上市公司宝胜股份（股票代码600973）财务总监、10年大型会计师事务所审计经验，资深国家注册会计师。她擅长股权投融资、投行、风险预警、内控设计、资本运作等。

圣商商学行政副总裁孙乐久是浙大EMBA、中国CMO，国内知名的企业战略管理和运营专家，历任A股上市公司华工科技（股票代码000988）副总裁和美国纳斯达克上市公司FAB(FU)高级副总裁。

圣商北京控股集团金融顾问单俊葆是中金智德基金总经理、投委会主席，沪上十大金融领袖，复旦大学兼职讲师。他带领的团队辅导服务的上市企业包括：中国工商银行、中国移动、中国石油、复星集团、新浪网、东方财富网等，成功投资的案例包括蚂蚁金服、万达影业、孩子王等。单俊葆现在成为了圣商集团的外脑，担任圣商北京控股集团金融顾问。

……

这些值钱的人加入圣商，都是被圣商的大梦想所牵引。

很多值钱企业最终能够变得值钱，其实都源自企业领导者拥有的

新资本思维： 如何开一家值钱的公司

梦想。"我的企业最终要做成什么样子？我要花多长时间来实现我的梦想？"……正是这些思考成就了值钱的企业。

纵观那些值钱企业的成长经历，其中总是有我们熟悉的桥段："老板召集骨干员工开会，大谈自己的梦想、自己的责任，比如'我要让你们都富起来，成为下一个百万富翁、千万富翁……让你们过上好日子是我的责任。我有一个梦想，要把我们的企业做成集团公司、上市公司、世界顶级的大公司。我计划用20年的时间去完成它。'"每当这种时候，参与会议的人心里总会产生疑问：老板是不是疯了？马云与蔡崇信的故事就是这样一个看上去有些"疯狂"的故事。

图 3-12　马云和蔡崇信肖像画

PART 3 做值钱企业的五个步骤

直到现在人们都在津津乐道,蔡崇信当年竟放弃70万美元年薪(按当时汇率,折合人民币580万),带着怀孕的妻子投奔马云,只拿500元月薪的故事。

1999年,蔡崇信赶赴杭州拜访马云,当时阿里巴巴还是一家鲜为人知的创业公司,其创始人马云同样名气不大。而蔡崇信一直在香港工作,是瑞典投资公司的高管。

然而,就是一次见面,改变了蔡崇信的人生轨迹。两人会面后,蔡崇信竟然提出放弃一切(包括年薪70万美元),跟着马云一起干,月薪500元也没关系。他的家人以及怀孕的妻子都强烈反对,他为什么要这么做呢?

蔡崇信回忆和马云第一次见面,他的台湾朋友之前向他描述马云"这个人有点疯狂",当他去了之后,发现马云甚至还没有成立自己的公司,只有一个上线几个月的网站——阿里巴巴。

与马云的初次见面,蔡崇信就被马云的人格魅力所吸引。马云始终在谈伟大的梦想和愿景。他们这次会面甚至没有谈到任何商业模式、盈利或者其他业务上的事。当时蔡崇信觉得马云的梦想够得上伟大,他很欣赏马云的个性。

于是经过反复思考后,蔡崇信告诉马云他想加入的想法,马云说:"我只付得起500元的月薪。"

蔡崇信说:"好,没问题。"

打定主意后,蔡崇信决定辞掉年薪70万美元的工作,跟马云一起

新资本思维： 如何开一家值钱的公司

干。然而，当时蔡崇信的妻子克拉拉正处于怀孕阶段，一听到他的想法，就觉得自己的老公疯了，待遇这么好的瑞典投资公司不待，却要去一个不知道未来的小公司。

听到马云只付得起500元月薪，就连蔡崇信的老爸（台湾知名律师蔡中曾）也连连摇头。不过，蔡崇信却坚定地辞职了，把家人气得够呛。

随后，在蔡崇信的协助下，马云开起了公司，在杭州湿热的夏夜里，蔡崇信拿着一块小白板，挥汗如雨地向员工们讲述何为"股份"、"股东权益"，接着又帮"十八罗汉"拟出18份完全符合国际惯例的股份合同，从这一刻起，阿里巴巴这家公司才有了雏形。

2000年，蔡马二人前往日本软银在东京的办公室与孙正义谈判。蔡崇信深谙谈判出价之道，一坐上谈判桌，马云即发挥独有的个人魅力，大谈阿里巴巴美好前景，而蔡崇信虽然不多话，却在关键时刻对孙正义前两次的出价勇敢说"不"。最终，孙正义答应投资2000万美元，阿里巴巴凭借这次投资度过了互联网最寒冷的冬天。

2004年和2005年，蔡崇信再度替马云筹资8200万美元，并合并雅虎中国。这不仅让阿里巴巴有充足的资源建构淘宝网，也让阿里巴巴坐稳中国第一大电子商务的宝座。可以说，没有蔡崇信就没有阿里巴巴的今天。

马云当年虽然没有钱，但是靠梦想吸引到了优秀的人，蔡崇信就是其中之一。阿里巴巴的核心团队在如今看来无疑是一个值钱的团队，

PART 3　做值钱企业的五个步骤

他们打造出了一个庞大的商业帝国，同时也使自己获得了财富，而激励这个值钱团队中每一个人的，正是马云当初那看似夸张而不切实际的"梦想"。

大家都看过电影《斯巴达克斯》，斯巴达克斯在公元前71年领导一群奴隶起义，曾两度击败罗马大军，但是在罗马军队克拉斯将军的长期包围攻击之下，最后还是被征服了。在电影中有这样一个镜头——克拉斯跟几千名斯巴达克斯部队的战士说："你们曾经是奴隶，将来还是奴隶。但是罗马军队慈悲为怀，只要你们把斯巴达克斯交给我，就不会受钉死在十字架上的刑罚。"在一段长时间的沉默之后，斯巴达克斯站起来说："我是斯巴达克斯。"然后，他身旁的一名战士站起来说："我才是斯巴达克斯。"接着，又一名战士站起来说："不！我才是斯巴达克斯。"结果在一分钟内，被俘虏的每一个人都站起来，说自己是斯巴达克斯。为什么每一个人都愿意选择死？它带来的启示是：这支部队所忠于的并不是斯巴达克斯个人，而是由斯巴达克斯所激发的共同梦想：有朝一日可成为自由之身，不再当奴隶。

只有梦想能够汇聚有识之士，同样也只有梦想才能使企业领导者与他的团队紧密联系在一起。在未来，人才的竞争才是最重要的竞争，企业能够打动人的最根本的东西必将来源于心灵而绝不仅仅是薪水。

俗话说"心有多大，舞台就有多大"，因此，作为企业的领导者不应羞于谈及未来与梦想，相反应当时刻怀有伟大的梦想，就像马云一样，因为梦想就是成功的起点。

一个企业的梦想与愿景体现了企业领导者的立场和信仰，是企业

新资本思维： 如何开一家值钱的公司

最高管理者头脑中的一种概念，是最高管理者对企业未来的设想。是对"我们代表什么？""我们希望成为怎样的企业？"的回答和承诺。企业愿景同时是企业的长期愿望及未来状况，是企业组织发展的蓝图，体现了企业组织永恒的追求。企业愿景还是企业的发展方向及战略定位的体现，它的最大作用在于激励着企业奋勇向前，拼搏向上。

著名的管理学大师德鲁克认为，企业要思考三个问题：第一个问题是"我们的企业是什么？"；第二个问题是"我们的企业将是什么？"；第三个问题是"我们的企业应该是什么？"这三个问题集中体现了企业的愿景与梦想，因此从梦想的角度我们需要回答以下三个问题：第一，我们要到哪里去？第二，我们的未来是什么样的？第三，我们目标是什么？

一个大梦想会对企业产生很多积极的作用，包括凝聚作用、激励作用和规范作用等。

首先，梦想概括了未来的目标、使命及核心价值，它是经过努力最终希望实现的蓝图。它使团队成员的意愿凝聚在"我们的事业"中，能够从根本上改变"与己无关"的想法。

其次，在追求梦想的过程中，人们自然而然会产生勇气，会去做任何为实现梦想所必须做的事。古今中外，这样的例子有很多。比如1961年，美国总统肯尼迪宣布了一个汇聚美国多位太空计划领导者多年心愿的梦想：在10年内，把人送上月球。这个梦想引发了无数勇敢者的行动，美国最终在20世纪60年代实现了登月。

最后，同一个梦想还能够起到规范团队成员行为的作用，使之愿

PART 3　做值钱企业的五个步骤

意为实现梦想而做出奉献。英国作家乔治·萧伯纳曾说："生命中真正的喜悦源自当你为一个自己认为至高无上的梦想献上无限心力的时候，它是一种自然的、发自内心的强大力量，而不是狭隘地局限于一隅，终日埋怨世界未能给你快乐。"

另外，愿景与梦想的一个重要特点就是它处于一种可实现而又不可实现的模糊状态，它既是宏伟的、激动人心的，同时还是不可预知的。但是请不要悲观地认为梦想不可能实现，假如梦想是轻易就可以实现的话，那它又怎么会激动人心呢？

因此，企业领导者要关注的是，企业的愿景能否经常让你与你的团队热血沸腾，甚至热泪盈眶；能否经常让你彻夜难眠；能否让你有一种热情、一股冲动，想将它与你的团队分享。

愿景与梦想的最大意义是建立在"你想成为什么，所以你能成为什么"的思维基础上，而不是"你能成为什么，所以你想成为什么"。很多成功企业都在告诉我们，一个大梦想能够给予企业激发员工无限潜能的力量，进而实现那些"不可能"。

让我们回到现实里，无疑，梦想需要通过企业战略来实现，企业战略就是关于企业该如何运行的根本指导思想，它是对处于动态变化的内外部环境之中的企业当前及未来将如何行动的一种总体表述。企业战略所要回答的核心问题就是企业存在的理由是什么，也就是企业为什么能够从外部得到回报并生存下去。这就涉及值钱思维与赚钱思维。需要注意的是，即使拥有梦想，但仅仅局限于赚钱思维的企业领导者是无论如何不能吸引到值钱的人的，因为这样的企业领导者与值钱的

 **新资本思维：** 如何开一家值钱的公司

人在对待企业战略层面的思想维度不同，这种不同阻碍了双方走到一起。因此，只有具备值钱思维的企业领导者才可能通过梦想吸引到值钱的人与他一起走向梦想的终点。

还必须特别注意，一个企业的愿景如果仅仅是一个很快就能实现的目标，那它充其量只能说是一个战略目标，而不是我们所说的愿景。愿景应当更具深度含义，比如当亨利·福特在100年前说他的愿景是"使每一个人都拥有一辆汽车时"，你会认为他是神经病，但在美国，他的梦想已经实现了，这种梦想通常会使人感到不可思议，但又会不由自主被它的力量所感染，马云的愿景也同样如此。这才是我们在本节反复强调的梦想的真正含义。

值钱团队锻造法二：为值钱团队创造极大的施展空间

打造值钱团队仅仅依靠梦想是不够的，在具体的执行层面，对于企业的领导者而言，还必须要具有胆识与魄力，因为他必须给顶尖高手们创造出极大的施展空间才行。这就涉及授权的问题。

在中国企业家的管理哲学里，授权是一个困扰企业发展的共性问题。很多企业领导者在授权问题上观念落后，他们认为自己才是企业的老大，并怀疑他人的工作能力与为企业工作的决心和动力，因此只在嘴上说相信大家、给大家机会，实际上却并未实现授权。

授权是管理学的重要组成部分，也是企业领导者必须学习和掌握的艺术。第一，授权可以减轻企业领导者的工作负担，使其可以集中精力去应对更重要更大的决策；第二，授权是对下属的一种信任，下

属的创造力能够因此得到充分发挥；第三，授权会调动下属的积极性，赋予下属一定的权力是对有权力需要的下属的满足；第四，授权有利于企业领导者发现人才、锻炼人才、培养人才；第五，授权还有利于团队建设，提高组织的整体力量；第六，授权有利于避免领导者专断，降低错误决策的风险，减小错误决策发生的概率，甚至减小错误决策所造成的损失。

三国时期的刘备在引进诸葛亮之后，敢于授权，在军事指挥上全权授权给诸葛亮，自己甘居幕后，而且用人不疑，让诸葛亮尽情地施展才华，这才使得隆中战略得以逐步实现。要知道，刘备比诸葛亮大了20多岁，能够让比自己小20多岁的诸葛亮领导全军，刘备的授权不可谓不彻底。刘备得到诸葛亮，如鱼得水，从此刘备集团开始稳定发展，逐步强大，试问你是否有刘备这样敢于授权的胸怀？

刘备的做法恰恰应了著名管理学家、科学管理之父泰罗的一个观点：管理者要学会合理的授权，尤其是要学会在遇到自己不懂的知识时，将决策权交给别人。

由此可见，对于值钱的人与值钱的团队，为他们提供尽情施展才华的空间格外重要。让我们再来看下面的案例。

碧桂园（股票代码：02007）总部位于广东佛山顺德，是中国最大的新型城镇化住宅开发商。碧桂园的创始人兼董事局主席是杨国强。碧桂园采用集中及标准化的运营模式，业务包含物业发展、建安、装修、物业管理、物业投资、酒店开发和管理等。碧桂园于2007年4月

20日在联交所主板上市,上市不但为碧桂园长远健康发展提供了资金,也使其迈出了进入国际资本市场的成功一步。

图 3-13　碧桂园官网截图

过去6年间,碧桂园就像一列高速行驶的列车,在同样高速发展的中国房地产市场,扮演了冲锋者的角色。2016年,碧桂园以销售额3088.4亿元跻身中国房企三甲,仅次于恒大的3733.7亿元与万科的3647.7亿元。而在6年前,碧桂园的年度销售规模仅为329亿元,那时,这家诞生于广东佛山顺德的地产商,被业界认为是一家中小型家族企业。6年间,碧桂园的业绩规模成倍增长。2011年432亿元,2012年476亿元,2013年1060亿元,2014年1288亿元,2015年1402亿元,2016年3088.4亿元,这样的增长速度,在地产行业并不多见。

带来这样翻天覆地变化的是,碧桂园背后的那个值钱的团队。在碧桂园官网上，杨国强在2017年元旦致辞中写道，"有人才有天下！"可见其对人才的重视。2010年，中建五局总经理莫斌接受杨国强的邀请，加入碧桂园任总裁；2013年，中海集团董事朱荣斌加入碧桂园，任执行董事及联席总裁；2014年，同样有中海、中建职业背景的吴建斌，出任碧桂园首席财务官；到2016年结束时，来自中建的刘森峰，成为碧桂园第一位年收入过亿元的区域总裁。同时，碧桂园成为业界拥有博士数量最多的地产商。

这些资深职业经理人在杨国强看来都是值钱的人，因此都得到了重用。最近6年碧桂园的高速发展，这些资深职业经理人起了很大作用。杨国强拉起的职业经理人队伍，从2010年的空降总裁莫斌开始，一路壮大，到2016年底，数量超过1400人。

2010年，43岁的莫斌成为碧桂园的新舵手，他很快就让碧桂园进入了"莫斌时刻"。2010年7月，莫斌任碧桂园总裁后，着手做的第一件事，就是展开一场全面的管理架构变革，以提升企业运营效率。此前碧桂园的管理模式为集团强管控，直接对接地方项目，而区域的配置较为简单，通常是一名区域总裁加一名办公室主任，再加一名司机。区域在全集团并无多少实权与能见度。这样的管理模式能够长时间持续，也是因为早些年，碧桂园是以广东省内的项目为主，管理半径较小。

到2010年，碧桂园全国项目显现增多势头，杨国强开始对业绩规模的增长抱有更多期待。为了匹配未来扩张式发展的速度，杨国强授意莫斌转换思路，把碧桂园搭建成一家大型地产企业惯有的管理框架。

新资本思维： 如何开一家值钱的公司

从这时开始，杨国强开始不断授权，下放职能，一改此前所有事亲力亲为的习惯。

莫斌开始强调区域总裁是区域的最高行政负责人，改变了之前营销强势的惯例。集团把控大方向，拟定业绩与绩效考核指标，但营销费率、定价权等由区域总裁制定，以保证区域在营销领域的灵活性。

在不断的放权过程中，每个区域开始成为碧桂园旗下的"小王国"，自成一体。区域总裁成为"小国王"，评判他们功绩的是区域的销售业绩。各区域规模合在一起，组成了碧桂园的数千亿市值。

杨国强对包括刘森峰在内的一些区域总裁非常信任，尽管还会过目区域的每一笔投资，但并非事无巨细。刘森峰有一次因要投资一块面积较大的土地，去请示杨国强，杨国强的回答是：你自己决定。

正是因为杨国强为他手下的值钱团队创造了极大的施展空间，才有了碧桂园这6年来业绩规模近10倍的增长。

美国著名的管理行为学家布利斯有一句名言：一位好的经理，他的助手脸上总是一副烦忧的面孔。布利斯这句话的意思是说，好的管理者懂得向下属和助手授权，懂得充分调动他们的主观能动性去完成任务，而不是自己包揽一切。

但现实却是，没有几个企业的领导者能运用好授权，有的企业领导者采用的是假授权，授权的范围很小；有的则是虽然表面上授了权，但背后却设置种种障碍，使授权只停留在口头上。之所以出现这样的

PART 3　做值钱企业的五个步骤

情况，是因为这些企业领导者在授权时没有将授权的关键问题处理好。授权的关键问题是什么？那就是信任，信任是授权最起码的基础，如果缺乏信任，授权则无从谈起。

日本"经营之神"松下幸之助，是世界上最著名的、真正懂得授权的管理者。1926年，松下幸之助想在日本金泽开设办事处，于是他把一个19岁的年轻人找来并告诉他："我们准备在金泽建立办事处，希望你去主持，你立刻就去，找合适的地方，租下房子，资金已为你准备好了，你拿去进行这项工作。"年轻人很是吃惊，他不安地阐述自己因年轻而不能胜任这项工作的理由，可是松下却对他很有信心，而且肯定地对他说："你一定能做到，我会支持你的"。这个年轻人一到金泽，立即开展工作，并把每天的进展写信告诉松下。第二年，松下有事经过金泽，年轻人率领全体员工去请董事长检查工作。为了表示信任，松下幸之助拍着年轻人的肩膀说："我相信你，你当面给我汇报就可以了。"那位年轻人非常感动，后来金泽办事处也越来越好，给松下带来了意想不到的利润。松下幸之助回忆这件事时曾自豪地说："我用这种信任的授权方式筹建办事处还从来没有失败过。"

前通用CEO杰克·韦尔奇有一句经典名言："管得少就是管得好。"由此可见，对于值钱团队的成员来说，管理的最好方式就是给他们足够的施展空间。值钱的团队成员与松下幸之助找来的那个年轻人不同，值钱团队的成员的能力已经得到了证明，他们缺少的是发挥能力的空

间，仅此而已。

对于企业领导者而言，值钱的团队都是得来不易的，正因如此才应该更加珍惜，要像呵护大熊猫一样去呵护他们，因为一旦他们离开了企业，企业的损失将是巨大的。

从授权的角度来看，企业领导者必须首先学会信任。因为信任是授权的先决条件，如果缺乏信任，授权就无从谈起。"用人不疑，疑人不用"诠释的正是这个道理。

其次，企业领导者要尽可能大地为值钱团队设置权限范围，让他们能够在不受任何干扰的情况下充分发挥出自己的特长和能力，只有这样，值钱团队的效率才能发挥到极致。

值钱团队锻造法三：有效的股权激励

企业领导者想要把值钱的人牢牢捆绑在企业的列车上，让他们发挥出最大的效能，除了梦想的激励与授权的管理外，还要采用有效的股权激励方式。

股权激励是企业为了激励和留住核心人才，而推行的一种长期激励机制。企业通过有条件地给予激励对象部分股东权益，使其与企业结成利益共同体，从而实现企业的长期目标。

从员工薪酬结构看，股权激励是一种长期激励，员工职位越高，其对公司业绩的影响就越大。为了使公司持续发展，可以采用股权激励的形式将核心员工的利益与公司利益紧密联系在一起，构筑利益共同体，充分有效地发挥核心员工的积极性和创造性，从而达到企业发展的目标。

同时，对于值钱的人才而言，他们的价值不是工资、奖金就能满足的。有效的办法是直接对这些人才实施股权激励，将他们的付出与公司持续增值紧密联系起来，通过公司增值来回报他们为企业发展做出的贡献。

更重要的是，通过股权激励，值钱的人能参与到关系企业发展经营管理的决策中，其拥有部分公司控制权后，不仅关注公司的短期业绩，更关注公司的长远发展，并真正对此负责。

下面就让我们再看看碧桂园在股权激励方面是如何做的。

想要让值钱的人真正在企业立足，管理者不仅需要展示胸怀，还要给出有诚意的薪金。

为此，碧桂园的创始人杨国强采用了合伙人制度。这是一个比单纯人才培养更有远见、也更有支撑的举措，源自沃尔玛合伙人制度的启发，它让高管团队与企业员工觉得自己和公司是一个利益共同体。

碧桂园"成就共享"与"同心共享"人才激励机制由此诞生，它们分别在2012年和2014年正式亮相，后者是前者的升级版。该制度通过让碧桂园员工入股项目，跟投获益，让所有人更关注为企业创造价值。

这个合伙人制度由杨国强一手主推，旨在让每一个碧桂园的高管提

新资本思维： 如何开一家值钱的公司

高工作积极性，以合伙人的方式与项目更紧密联结，从而获得更大的回报。这是杨国强将引进的优秀职业经理人与碧桂园绑定的利益绳索。

2016半年报显示，截至2016年6月30日，碧桂园共有319个项目引入合伙人制度，采取了项目跟投。碧桂园跟投自有资金年化收益率约为65%。

外部人才招纳和激励制度为碧桂园从百亿市值扩张到千亿市值注入了催化剂。2012年，碧桂园销售额476亿元，也是这一年开始推行"成就共享"制度，但刚开始所有人都将信将疑。到年底时，有人发现自己竟拿到了8000万元奖金，便去询问杨国强，是否给自己多打了一个零。杨国强告诉他这是根据他的业绩和分红算出的数字不会错。这件事在公司内部刺激了很多人，大家发现原来"成就共享"并非空头支票。

所以到2013年，所有人都拼命了。2013年底，碧桂园销售额暴涨至1060亿元，翻了两倍多，从此跨过千亿门槛。

到2016年底，在激励制度下，碧桂园已经有项目总经理年收入过千万，已经有区域总裁年收入过亿。年收入过亿的是碧桂园江苏区域总裁刘森峰，他对自己管辖的江苏区域的项目跟投了1.5亿元。"我自己的身家全部投在里面，连房子都全部抵押了。我们整个区域都像打了鸡血一样。"这就是刘森峰对合伙人制度的现实诠释。

其实，在房地产行业，推行合伙人制度的不仅碧桂园一家，这种制度能够有效地通过利益的再次分配，来调动企业员工的积极性。碧桂园采用的是项目跟投制,还有一种制度是企业持股制。企业持股制等同于股权投资,员工在年终分红时可获取回报。企业持股对企业高管而言也是长期激励,同样能够确保管理层的稳定。下面让我们再来看看青岛海尔的股权激励制度。

图3-14 青岛海尔品牌标识示意图

青岛海尔(股票代码:600690)的股权激励之路,始于2006年末。当时,公司董事会已审议通过了首期股权激励计划,但是因为证监会新出台了股权激励有关事项的法规,使得原计划的实施条件发生了变化,因而首期股权激励计划被迫取消。

虽然首次股权激励计划以夭折告终,但青岛海尔表示,不会放弃股权激励这一机制,以后将适时推出与公司业绩紧密挂钩的更具长期激励效果的新方案。

2009年10月,青岛海尔推出了真正意义上的首期股权激励计划。值得注意的是,青岛海尔的历次股权激励,都是采取股票期权的激励方式,也就是说,激励对象行权时,需要自掏腰包按约定价格购入

新资本思维： 如何开一家值钱的公司

股份。

青岛海尔首期激励计划所拟定的1771万股激励股份，到第一个行权期可以行使10%的授权。2010年12月，公司将符合考核条件的41名高管的共计144.3万股股份统一行权，行权价格为10.58元。一年后，第二个行权期条件达成，青岛海尔将行权价格下调为5.24元，但每名激励对象当期可行权的股数却翻了一倍。

2010年10月，在首期股权激励计划推出一年之际，青岛海尔又推出了第二期1080万股的新一轮股权激励。

我们都知道，家电行业竞争激烈，高管流动性大，因而很多企业都希望通过股权激励这一方式来留住值钱的人。海尔2009年的首期股权激励计划，就是在海信的股权激励计划获批后推出的。

据不完全统计，在家电行业中，TCL集团、美的电器、格力电器、ST科龙、苏泊尔、九阳股份等众多上市公司都推出过股权激励计划。在这些公司之中，有的效果非常显著，比如海信电器就曾因股权激励催生了若干亿万富豪。

分析上面的案例，有一点特别值得注意，那就是无论采用哪种方式的股权激励，其中一个重要的条件就是必须要让被激励的人自掏腰包购买股权，而不是无条件的赠送。

现实中很多企业领导者采用的股权激励方式是赠送给被激励者股份，以表示对他的奖励，然而这样的方式却并不可取，因为这样的方式无法让被激励者与企业形成真正的利益共同体。

对于股权激励的问题，笔者的观点是，对于企业里的顶尖高手一定不能赠送股权，也不能只有年薪没有股权，必须通过让顶尖高手认同企业的梦想，愿意自己掏钱购买股权，然后作为大股东的企业领导者可以根据公司的估值，让他购买相应的股份。这才是能够有效实现股权激励作用的正确方式。

一般来说，股权激励主要分两大类，即真实股权激励和虚拟股权激励。真实股权激励是指在达到合约规定要求后，可以直接或间接持有公司真实存在的股权的激励计划。直接持有股权就成为了公司股东；间接持有股权就是更多层的持股结构。虚拟股权激励是指以股权为标的资产的，类似衍生品的激励计划。这类激励计划一般是以现金结算的，并不将股权实际交付，比如与长期股价挂钩的高管奖金就属于此类。

真实股权激励的效果更好、时效更长，因为被激励者是拥有自主投票权的正式股东，真正成为了公司的所有者之一，他的努力可以很大程度上转变为自己的利益。因此，如果激励对象是企业的高管，那么直接持股无疑是最为恰当的。

股权激励的具体实施方式可以参照以下步骤来完成。

第一，确定激励对象。在这里我们针对的是值钱的企业高层，而采用的股权激励方式包括股权分享、以股权支付报酬等。

第二，确定购股规则。即制定高层管理者购买股权的相关规定，包括购买价格、期限、数量及是否允许放弃购股等。上市公司的购股价格一般参照签约时的股票市场价格确定,其他企业的购股价格则参照当时股权价值确定。

第三,制定售股规定。即对高层管理者出售股权的相关规定,包括出售价格、数量、期限的规定等。出售价格按出售日的股权市场价值确定,其中上市公司参照股票的市场价格,其他公司则根据预先确定的方法计算出售价格。为了使高层管理者更关注长期利益,一般规定高层管理者在一定的期限后方可出售其持有的股票,但对出售数量做出限制。

第四,赋予权利义务。股权激励中,需要对高层管理者是否享有分红收益权、股票表决权和如何承担股权贬值风险等权利义务做出规定。

第五,进行股权管理。包括管理方式、股权获得来源和股权激励占总收入的比例等。股权获得来源包括高层管理者购买、奖励获得、技术入股、管理入股、岗位持股等。股权激励在高层管理者的总收入中占的比例不同,其激励的效果也会不同。

第六,制定操作方式。具体的股权操作包括是否发生股权的实际转让关系、股票来源等。在股权激励中,实际上不发生股权的实际转让关系。在股权来源方面,有股票回购、增发新股等。

对于非上市公司而言,实施股权激励有利于企业稳定和吸引值钱的管理人才和技术人才。实施股权激励一方面可以让值钱团队的成员分享企业成长所带来的收益,增强他们的归属感和认同感,激发其积极性和创造性;另一方面,当这些人想要离开企业或有不利于企业的行为时,将会失去这部分收益,这就提高了他们离开公司或"犯错误"

的成本。另外，股权激励还是企业吸引社会上值钱的人的有力武器。由于股权激励机制不仅针对企业现有人员，也包括从社会上引进的人才，而且企业还可以为将来吸引新成员预留同样的激励条件，这种承诺能够给新成员带来很强的利益预期，很具吸引力。

值钱团队锻造法四：打造一个与顶尖人才"同生共死"的环境

在笔者看来，能够深度"捆绑"值钱团队，依靠的不仅是前面我们所叙述的几点，还有一点很重要，而这一点往往被很多人忽视，那就是创造一个与值钱的人"同生共死"的环境和氛围。

著名的风险投资人徐小平曾说："如果你从出发的那一天起就没有同盟军，就没有伙伴，就没有跟你同生共死的一起'爬雪山、过草地'的伙伴，那么这种情况是非常糟糕的。"

在徐小平的这句话里，"同生共死"的含义是什么？那就是让团队里所有成员的命运相连，产生一种"一荣俱荣，一损俱损"的心理暗示。如果能够做到这一点，那么你的值钱团队与企业的黏合度将牢不可破，你的企业距离成功也会更近一些。

圣商在与值钱的团队打造"同生共死"的环境与氛围方面采用了独特的方法，把"圣商"二字定义为用圣贤一样的道德标准来自我要求。也正因此，圣商建立了严苛的创始合伙人制度，其内容如下：

新资本思维：如何开一家值钱的公司

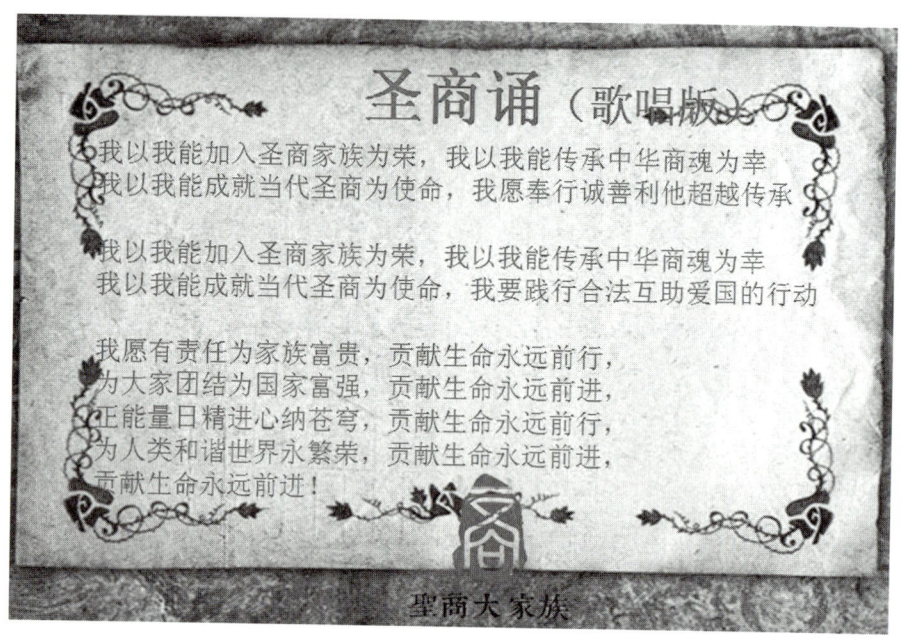

图 3-15　圣商诵

1. 10年内只专注做好圣商，遇到多大的分歧、矛盾都不可以谈分手，除非圣商集团超过6000亿元净资产方可谈友好分手；

2. 不允许因为自己的原因离婚，如果离婚股权将捐给前妻和慈善机构各50%；

3. 一起吃素食（我们深知持续行善才会有更多的福报）；

4. 保持体重，不允许长胖，长胖1000克乐捐5万元（更健康的身体才能承载更大的使命）；

5. 不抽烟，不酗酒，如果发现抽烟按5000元一支乐捐（卓越的人绝不允许自己的大脑在任何时候处于不清醒状态）；

6. 不允许说脏话和任何非正面语言（永远积极，永远正面，尤其保持对执政党的尊重）；

7. 不可以和任何异性员工和会员有任何非正常暧昧关系，发现一次乐捐300万元，两次裸退（作为公众人物必须更加严格地要求和约束自己）。

同时，圣商还为加入的人建立了一个独特的财富观，那就是："钱不是赚来的，利不是争来的，财富是修来的；当你赚的钱不够干净的时候，老天会派一个人或者一件事把你的钱拿走；当你赚的钱不干净的时候，你赚来的就不是财富，而是孽障。修德、修心、修行、聚才、载福。"

从圣商所创造的创始合伙人制度中，我们能够体会到一种"一荣俱荣，一损俱损""生死与共"的氛围，圣商发展到今天，只见加入者不见退出者，就是因为有这种看不见摸不着的契约精神，这就是笔者所强调的创造一个与值钱的人同生共死的环境的重要性。

契约是指双方之间的一份协议，必须与"约定"和"合同"等相关概念区分开来。约定指经过商量而确定需要共同遵守的事情或条文，而契约包括一方要对另一方负责，使之有效。契约也不像合同，它不是相互谈判议定的，而是由一方主动向另一方提出的。

综上我们可以看到契约的力量，古罗马有这样一句谚语：契约是当事人之间的法律。因此，这里要重申做一家值钱的企业必须订立和遵循契约，并保证契约双方共同执行。契约是一切形式的组织和联盟必

新资本思维： 如何开一家值钱的公司

不可少的纽带，契约精神是最重要的职场规矩和职业信仰。

荷兰是一个无论人力资源、自然资源、地理位置都没有什么优势的国家，却在公元17世纪成为海上贸易霸主，赢得了欧洲"海上马车夫"的美誉，其中一个最重要的原因就是他们不折不扣地履行契约的意识和优秀的契约精神。时至今日，荷兰人依然视契约精神为生命，并因此得到了丰厚的回报。在2016年《财富》杂志发布的世界500强名单中，荷兰有11家企业上榜。其中位列第五的荷兰皇家壳牌石油公司曾经在2009年取代沃尔玛成为全球最大的公司，也是自1996年以来第一家登上世界500强排行榜首位的非美国公司，由此可见契约精神对于一家企业而言是多么重要。

契约保证了一个企业拥有同生共死的环境，当然打造这种环境的方式还有很多，契约仅仅是其中一种，你还可以通过制定企业管理规则等方式来实现，在这里由于篇幅有限我就不再展开论述了。

步骤三：拿到值钱的钱

做一家值钱企业的第三个步骤是拿到值钱的钱，需要提醒读者朋友们注意的是，这是其中最为重要的步骤，也是判断一家企业能否成为值钱企业的绝对标准之一。

企业对资本的依赖是天生的

我们都知道，企业的经营和发展必须依靠足够的资金，而不是项目。如果是一个小商贩，可能感觉不到资金对于企业竞争和发展会起到多么巨大的作用，但是如果你是一位企业领导者，我想你一定深有感触。如果一个企业没有资金，或者是资金不足，那么再好的计划、再好的项目，都是空想，再好的投资活动都有可能中途搁浅。因为充足的资金是企业经营活动顺利进行的重要保障之一，起着根本性作用。企业之所以在运转，完全是因为资金在不停地流动。

西少爷是中国互联网餐饮第一品牌，主要售卖肉夹馍、擀面皮、小豆花、胡辣汤等颇具西北特色的食品。西少爷成立于2014年4月，因为创始人孟兵的一篇自述《我为什么要辞职去卖肉夹馍》引爆网络，从此被贴上互联网餐饮品牌的标签。从清华西门外一个10平方米的小木屋起家，西少爷如今已在中关村、国贸CBD等地段开设了14家可

供堂食的门店和一家外卖店。

图3-16 西少爷店面及大师之味品牌标识示意图

西少爷创始人团队的成员分别来自百度、腾讯,创立之初便受到媒体的广泛关注,并掀起一阵"互联网+"热潮,成为大家争相学习的创业典范。

2016年底,互联网餐饮品牌西少爷宣布完成1150万美元B轮融资,由弘毅投资领投,今日资本跟投。此前,西少爷已经获得了今日资本A轮投资、清控科创控股天使轮投资。在宣布融资时,西少爷还称其未来的目标是在全球开10000家门店。

而另一家同样具有互联网基因的企业,则走向了与西少爷完全不同的路,这家企业叫作"大师之味"。

大师之味2015年5月成立,7月底上线,是一家面向高端用户的餐饮外卖平台,其菜品都是由五星级酒店的顶级名厨研发。截至停业,大师之味已在北京建立了24个众包配送站并拥有800平方米的中央厨房。然而大师之味成立不到一年,就因为资金链断裂宣告倒闭。

PART 3　做值钱企业的五个步骤

2016年4月，上线不到一年的外卖O2O平台大师之味在其微信公众号上发布告别信，宣布因融资失败而倒闭，其创始人兼CEO范新红在告别信中表示，"还没有实现盈利，我们的资金已经枯竭"。融资失败就像是O2O的癌症一样，无情地击倒了大师之味。

西少爷与大师之味都是带有互联网基因的餐饮品牌，但却因为资本走上了不同的道路，一个在资本助力下得以飞速发展，另一个则因为资本的冷遇无疾而终。从中我们不难看到企业对资本的依赖性：一方面需要依靠融资输血；另一方面，必须借助资本进行扩张、调整模式，以争取更多市场份额，从而在竞争中生存下来。在这种情形下，资本已然决定了企业的生死。

因此我们说："企业对资本的依赖是天生的。"很多成功的企业领导者不但是经营管理的能手，更是融资的能手，没有融资能力的企业，任何战略性的思维都只能是空想。因为任何性质的项目或投资都是用金钱来落实的，没有资金一切免谈。这就是为什么现实中很多手捧优秀项目或发展方案的管理者或创业者，毫无作为的主要原因之一。

另外，充足的资金是企业竞争的最大优势，它不仅代表企业的富硕，还代表企业随时有可能完成一个大动作。企业的竞争在同等情况下往往是资金实力决定胜负，而不是管理能力决定胜负。

前文案例中我们曾经提到过顺丰，顺丰的CEO王卫曾在2011年接受媒体采访时坚定地表示："上市的好处无非是圈钱，获得发展企业所需的资金。顺丰也缺钱，但是顺丰不能为了钱而上市。顺丰在短期内不可能上市，未来也不会为了上市而上市，为了圈钱而上市。"

但是，出乎所有人意料的是，2017年2月24日，顺丰速递完成了上市最后的敲钟仪式，壳公司"鼎泰新材"正式更名为"顺丰控股"，顺丰上市了。

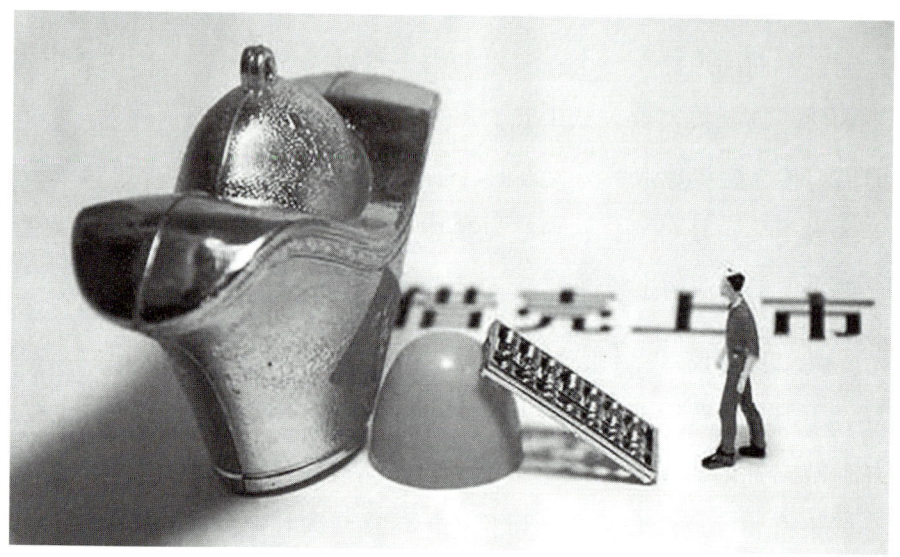

图 3-17　顺丰借壳上市漫画

为什么宣称绝不上市的顺丰，最终还是选择了上市？而且是在股票市场不好的情况下选择上市？究其原因最重要的还是竞争的压力与企业自身对资本的需求。

首先，大量资本迅速涌入快递行业。快递企业并购重组加剧，行业内的圆通与韵达已经借壳上市，作为行业内的老大，顺丰不可能看着竞争对手上市后市值直线飙升，威胁自己行业第一的宝座。另外，新

PART 3　做值钱企业的五个步骤

入场的竞争者除了传统的跨国公司和本地专业机构外，近几年一些跨界企业也开始涉足物流业。亚马逊和 eBay 等全球零售提供商，以及阿里巴巴等中国电商巨头都在建立自己的全球物流网络。马云在 2013 年联手多家企业共同组建"菜鸟网络"，旨在打造社会化物流协同平台；后又投资三江购物、携手百联集团，或重塑零售新业态。亚马逊则在 2016 年正式面向中国市场推出专为中国消费者量身定制的 Prime 会员服务，中国成为亚马逊全球首个提供跨境订单全年无限次免费配送服务的国家。而张近东旗下的苏宁物流也成立了物流研究室和 S 实验室，并牵手宅急送收购天天快递。刘强东麾下的京东物流已全面转向开放化和智能化的时代，无人仓、无人机、仓储机器人、智能配送机器人等智能物流设备让他们走在了快递业的前面。

面对内忧外患的局面，在众多资本的围攻之下，顺丰为了坐稳行业第一宝座，必然也要踏足资本市场。很显然，快递行业的竞争已经由价格蔓延到了资本层面，由业内蔓延到了周边业态，在此情况下顺丰急需资本推动企业的发展。

其次，在当时经济形势不好的情况下，尽管选择借壳上市并不是明智的选择，但顺丰还是这样做了，其目的就是引入二级市场的资本力量，实现更好的资本运作，弥补顺丰电商给顺丰带来的经济损失。

最后，上市还增加了企业的曝光率，让顺丰快递家喻户晓。

随着上市资本化后的各种整合，顺丰的市值飙升到了千亿级别，这个飙升不是企业发展驱动的，而是在资本市场环境下由资本驱动的。

新资本思维： 如何开一家值钱的公司

顺丰"被逼"上市，其实是一家企业通过寻求资本协助来应对行业竞争的典型案例。资本能够帮助企业从单一的产品运营向资本运营层面过渡，从而协助企业走上值钱的道路。

当今世界经济格局已进入以大公司、大集团为中心的时代。诺贝尔经济学奖获得者、美国经济学家史蒂格勒曾说："纵观世界上著名的大企业、大公司，没有一家不是在某个时候以某种方式通过资本运营发展起来的，也没有哪一家是单纯依靠企业自身利润的积累发展起来的。"

由此可见，在这个时代，传统的企业增长方式已无法跟上发展的步伐。只有把企业的各种要素，包括产品、技术、设备、厂房、商标、战略、服务、文化、管理团队等，以资本的形式，进行流动、整合和重构，进一步优化配置，形成合力，才能实现新的突破。

资本运营相对于企业的生产经营而言，表现为一种更高层次的经营，它对于企业优化产品结构、提高企业价值、实现资源最优配置、提高企业管理水平等都具有非常重要的作用。

2004年1月，TCL（股票代码：000100）集团的"阿波罗计划"正式实施，即TCL集团合并其旗下上市公司TCL通讯，实现整体上市。原TCL通讯注销法人资格并退市，TCL集团向TCL通讯全体流通股股东换股并同时发行TCL集团普通股，TCL通讯的全部资产、负债及权益并入TCL集团。整体上市为TCL集团筹资25.13亿元，还带来了产业扩张的新契机。

TCL集团通过集团整体上市给TCL的资本运作提供了更大的平台。如今，企业要面对日益严峻的竞争，要做大做强，都需要资金，融资是最有效的方式，企业上市后无疑可以更加有效地通过集资快速发展。在行业整合、产业重组方面，企业完全靠现金收购进行产业重组显然不太现实，而上市可以让企业通过股权收购实现更有效的扩张。

一般来说资本运营模式有以下几种。

1．并购重组。一般是指在市场机制作用下，企业为了获得其他企业的控制权而进行的产权交易活动。我国企业并购重组，多采用现金收购或股权收购等支付方式进行操作。

2．股权投资。股权投资是指投资方通过投资拥有被投资方的股权，投资方成为被投资方的股东，按所持股份比例享有权益并承担相应责任与风险。

3．吸收股份并购模式。这种模式指被兼并企业的所有者将被兼并企业的净资产作为股金投入并购方，成为并购方的一个股东。并购后，目标企业的法人主体地位不复存在。

4．资产置换式重组模式。这种模式是指企业根据未来的发展战略，用对企业未来发展用处不大的资产置换企业未来发展所需的资产，这可能会导致企业产权结构的实质性变化。

5．以债权换股权模式。并购企业将过去对并购企业负债无力偿还的企业的不良债权作为对该企业的投资，转换为股权，如果需要，再进一步追加投资以达到控股目的。

新资本思维： 如何开一家值钱的公司

6．合资控股模式，又称注资入股，即由并购方和目标企业各自出资组建一个新的法人单位。这种方式严格说来属于合资，但实质上出资者收购了目标企业的控股权，应该属于企业并购的一种特殊形式。

7．股权拆细。对于高科技企业而言，与其追求可望而不可即的上市融资，还不如通过拆细股权，以股权换资金的方式，获得发展壮大所必需的血液。即使是美国微软公司，在刚开始的时候走的也是这条路。它的操作方式是高科技企业寻找资金合伙人，然后推出产品或技术，取得现实的利润回报，这在成为上市公司之前几乎是必然过程。

8．战略联盟模式。战略联盟是指由两个或两个以上有着对等实力的企业，为达到共同拥有市场、共同使用资源等战略目标，通过各种契约而结成的优势相长、风险共担、要素双向或多向流动的松散型网络组织。

实现资本运营的原因既有企业内部的动因，也有外部环境的支持。重视资本运营的战略地位在如今无疑对企业的发展有着重要的意义，最直观的好处就是企业通过运用资本杠杆，可以在最短的时间，以最小的成本，实现快速扩张。

然而，实现资本运营的前提是获得资本，但是从笔者的角度而言，并不是任何资金都能对企业起到正向作用，换句话说："并不是所有的钱都是值钱的钱"，并不是所有的钱都能够帮助你做一家值钱的企业。

那么究竟什么样的钱才是值钱的钱呢？

什么样的钱才是值钱的钱？

说到"什么样的钱才是值钱的钱"这个话题，可以引用笔者经常说的一句话："最不值钱的是钱，最值钱的是钱背后的主人。"一般来说，企业的钱分为以下几种：股东的钱、银行贷款以及机构投资者（风险投资）的钱。

让我们逐一来分析它们是否是值钱的钱。

在阿里巴巴创立之初，马云与"十八罗汉"共同出资凑了50万元启动资金，他们成为了阿里巴巴最早的股东，因此马云这50万元启动资金实际上可以说是"兄弟伙"的钱，也就是股东的钱。

一个残酷的现实是，中国99.99%的企业领导者都是用"兄弟伙"的钱开始创业的，而"兄弟伙"的钱是不值钱的。"兄弟伙"仅仅能够为企业出力，但一旦企业有了一定发展，他们就会以股东的身份出来捣乱。中国的企业家见面问的第一个问题一般是"你是做什么的？"，第二个问题多半会是"你公司的股东都有谁"。

这是因为股东是企业的所有者，对企业影响很大，股东的实力很大程度上决定了企业的实力，股东的素质在很大程度上会影响企业的最终成就，股东是企业的基因，既决定了企业的出身，也决定了企业一大半的未来。

中国失败的企业，至少有一半是因为股东出了问题。人们常常可以共患难却不可以共富贵，企业一旦做起来，股东之间的矛盾也就随之出现。几乎每家民营企业在发展过程中都经历了股东之间的分分合合，

 **新资本思维：** 如何开一家值钱的公司

不管是家族企业还是合伙企业。

我们常常会看到这样的情况：企业越是重大的事情越需要全体股东同意，如果有股东意见不同，就会出现多数股东被少数股东"绑架"的情况。比如企业挣了钱，股东们有人要分红，有人认为应该再投入扩大规模，有人认为为利润可以不择手段，有人则要求坚持企业的道德底线……往往是仗还没有打，股东自己先乱了套，这种情况很常见。让我们来看看下面的案例。

图 3-18　真功夫品牌标识示意图

1990 年，17 岁的潘宇海开始创业，他在东莞市长安镇 107 国道边上开办了"168 甜品屋"，经营甜品及快餐生意，由于经营有方及对美食的天赋，小店在当地很快就有了名气，经营规模不断扩大。

1994 年，潘宇海的姐姐潘敏峰与姐夫蔡达标给潘宇海投资 4 万元，

PART 3 做值钱企业的五个步骤

潘宇海自己也出资4万元,把168甜品店改为168蒸品店。股份结构是潘宇海占50%的股份,姐姐潘敏峰与姐夫蔡达标各占25%的股份。初期,企业经营以潘宇海为主,姐姐潘敏峰管收银,姐夫蔡达标做店面扩张。潘宇海掌握着企业绝对的主导权。

1997年,经过多年潜心研究,潘宇海提出蒸柜的整体设计思路,并委托大学教授进行电路设计,最终成功研制出"电脑程控蒸汽设备",一举解决了中餐标准化的历史性难题,使中式快餐连锁化成为可能。在此基础上,"168蒸品店"改组为"东莞市双种子饮食有限公司",开始在东莞市快速扩张,潘宇海任双种子公司董事长、总经理、法定代表人。

2003年,"真功夫"品牌正式确立,并于2004年开办第一家真功夫餐厅,定位于"蒸"文化,开始面向全国快速发展。当时潘宇海占双种子股权50%,蔡达标、潘敏峰夫妇占50%,大家商定潘宇海负责企业内部管理,蔡达标负责外勤事务、潘敏峰负责资金管理。

但是,在真功夫进入市场快速成长的阶段,负责店面扩张的蔡达标对企业的贡献越来越大。2003年,企业的主导权渐渐从潘宇海手中转到了蔡达标手中。

到2006年,真功夫的门店已经从华南开到了华东和华北,完成了全国的布局,并经营良好,很快成为本土中式快餐第一品牌。

2006年6月,真功夫进入"2005年度中国快餐企业20强",排名第六,位居本土快餐品牌第一。10月,真功夫当选中国快餐十佳品牌企业。

新资本思维： 如何开一家值钱的公司

2006年9月，蔡达标、潘敏峰夫妇离婚，潘敏峰所持有的25%股权归蔡达标所有。

2007年10月，真功夫获得了今日资本和中山联动两家投资机构的投资，两家PE对真功夫估值高达50亿元，各投1.5亿元，各占3%的股权，蔡达标和潘宇海的股权都由50%摊薄为47%。

PE投资真功夫，主要看中的是蔡达标的能力，因此，无论在股东会还是董事会，PE都支持蔡达标，力图在企业经营上确立蔡达标的核心地位。这样一来，本来平衡的天平，倒向了蔡达标，而潘宇海被逐步边缘化。

在PE的建议下，蔡达标开始着手"去家族化"改革，他从肯德基、麦当劳等餐饮连锁企业挖来很多职业经理人，而在此过程中，真功夫多位与潘宇海关系密切的中高层被迫离职或被辞退，这使得潘宇海被进一步边缘化。

从2008年上半年开始，潘宇海与蔡达标就产生了隔阂，起因是潘宇海提出由公司出资5000万元重新创建一个新品牌"哈大师"，董事会形成书面决议。然而，当潘宇海刚刚完成新项目后勤基地建设并开设两家门店，还没来得及完成首期布点时，蔡达标就采取了"断粮"的措施：在首期投入1600万元后，蔡达标把持公司财务并置董事会的决议于不顾，任凭股东们如何催促也不再投入一分钱，新项目因此夭折。这无疑苦恼了潘宇海，股东冲突由此引爆。

2009年，潘宇海发现真功夫利润严重下滑，公司经营每况愈下，财务反映经常有大额异常资金拨付。此时，蔡达标以运营资金缺乏为

PART 3　做值钱企业的五个步骤

由要求董事会同意向银行贷款的决议，潘宇海对此提出要先审计看账，然后再看是否需要申请贷款。蔡达标坚决不同意查账，董事会因此不欢而散。

2009年初，真功夫向银行申请1亿元贷款，潘宇海却向银行称"两大股东有矛盾，贷款有风险"，银行只能停止贷款，最后还是真功夫的两名来自PE的董事担保，贷款才得以放行。

2009年7月，潘宇海将真功夫告上法庭，要求履行公司股东知情权，并请求法院查封该公司2007年7月至2008年12月的财务报告、财务账册以及会计凭证。

随后，潘宇海又向公安局报案，司法机关于2011年开始对蔡达标立案侦查。2011年3月，真功夫多名涉案高管被审查，蔡达标逃跑。同年4月，蔡达标被公安机关在厦门抓获。至此，真功夫上演的股权谍战剧才告一段落。

真功夫是中国规模最大、发展最快的中式快餐企业，也是中国五大快餐企业中唯一一家本土企业。中式快餐市场的广阔发展前景以及真功夫出色的商业模式和发展业绩，吸引了众多股权投资基金的青睐。2007年10月，今日资本和联动投资两家PE投资真功夫就证明了这一点。

但是，由于真功夫在创业之初使用的是"兄弟伙"的钱，也就是股东的钱，三个创始人是亲戚，再加上采用了"世界上最差的股权结构"即两大股东各占50%股权，使企业在做大后爆发了股东之间的矛盾，

新资本思维： 如何开一家值钱的公司

差一点就断送了真功夫的前程。

几乎所有非家族或家族创业者结合的纽带就是"情"，可能是友情、乡情、同学之情，等等。在开始创业时，一切问题都掩藏在"情"字底下。一旦企业运转开来，尤其是企业发展好的时候，因情结合在一起的股东很容易因为利益撕破原来感情的面纱，赤裸裸的利益带来的理性算计往往会把当初的这份感情抛之脑后。

因此我们说股东的钱并不是值钱的钱，企业从股东那里拿到的钱往往不仅不会让企业获得进一步发展，还会成为企业发展过程中的一口"毒奶"。

接下来我们来分析银行贷款。银行贷款是指银行根据国家政策，以一定的利率将资金贷放给资金需要者，并约定期限归还的一种经济行为。在这里首先要反问大家："如果马云当初拿的是银行的2000万美元贷款，那么阿里巴巴能活到今天吗？""如果刘强东当初拿的是银行的钱，那么京东能活到今天吗？"笔者给出的答案是否定的，是的，他们有可能已经倒闭了。

这是因为银行的贷款是有成本的，而且成本并不低，同时还需要抵押与资质认证。银行首先会考虑资金的安全性，因此对于企业而言，这个放贷对象是没有感情可讲的。当马云或者刘强东的企业需要大量资本来实现行业垄断的时候，仅仅依靠银行贷款或者"兄弟伙"的钱是无论如何都无法做到的，因为以他们企业在10年前的规模与盈利能力，根本无法从银行贷出他们需要的资金量，而"兄弟伙"的钱更不能满足他们的资金缺口。不能雪中送炭，因此上述这两类钱都不是值钱的钱。

那么，什么样的钱才是值钱的钱？为他们雪中送炭的是专业机构投资者（风险投资）的钱。

图 3-19　马云和孙正义

资料显示，阿里巴巴五大股东依次为：日本软银、美国雅虎、著名投资人尤里米尔纳、马云和蔡崇信。当时，马云没人，没权，更加没钱，去银行借钱，最后不了了之；去找国内著名风险投资人雷军，却被当成"搞传销的"。最终，马云无奈找上了当年的好友——美国雅虎创始人杨致远，然后，几经波折被日本软银看中，争取到2000万美元投资。接着，俄罗斯著名投资人尤里米尔纳也跟投，成为了阿里巴巴

新资本思维： 如何开一家值钱的公司

第三大股东，而马云和蔡崇信就成了五大股东里面的第四位和第五位。

说到日本软银，其创始人是孙正义。他投资阿里巴巴的故事在阿里上市后成为人们竞相传播的一段佳话。大家都知道孙正义只听马云讲了6分钟就决定投给他2000万美元，要知道当时在国内，马云甚至找不到任何对他感兴趣的投资人。而大家不知道的是，对于孙正义的投资马云10年不用分红，不用还本、付息，马云把钱花完后，孙正义还想方设法给他找了更多钱，这才有了阿里巴巴之后的B轮、C轮融资。

这个案例就是要告诉读者朋友们，孙正义对阿里巴巴的投资是真正值钱的钱。这个案例也印证了笔者的观点："最不值钱的是钱，最值钱的是钱背后的主人"。

为什么当时国内没有人愿意投资给马云，而孙正义却投了，这是眼光与眼界的差别，是钱背后的主人的差别。

马云后来回顾了与孙正义第一次见面的场景：门口排了一大堆人，都等着见孙正义。那时孙正义因为投资美国雅虎、UT斯达康等企业，在互联网创业者心目，如同神一般。2000年互联网泡沫前夕，孙正义的身家一度超过比尔·盖茨成为世界首富。

孙正义当时投资马云，不只是为了赚钱，更是为了谋取中国互联网的制高点。而"6分钟决定投资阿里巴巴"，原因就是马云是他心目中的那个人。

PART 3　做值钱企业的五个步骤

在产业低谷时投资不是孙正义的大智慧，孙正义的大智慧是投资梦想。

马云当时只是说自己有一个梦想：阿里巴巴利用互联网改变商业与贸易，他坚信互联网能改变世界。因此不能说是阿里巴巴的商业模式、管理团队、市场机会促成了这次合作，而是两个互联网信徒的共同信仰促成了这次合作。

与其说孙正义投资的是年轻人的梦想，倒不如说他投资的是自己的梦想。孙正义曾说："互联网是我的信仰，我希望专注互联网，做到行业第一。"

要知道，专业机构投资者（风险投资）对创业者进行投资，如果创业者最终输了，那么机构投资者会认栽，不会去堵创业者的门让创业者还钱。因为专业机构投资者都具有极强的风险意识，拥有成熟专业的投资团队，因此在投资前会对投资对象进行考验，但一旦投资了，就会信任投资对象，不会去干涉和阻碍投资对象，更不会去管投资对象把钱花在了什么地方。

分众传媒（股票代码：002027）诞生于2003年，创始人是江南春，在全球范围内首创电梯媒体。2005年，分众传媒成为首家在美国纳斯达克上市的中国广告传媒股，并于2007年入选纳斯达克100指数。2015年，分众传媒回归A股，市值破千亿，成为中国传媒第一股。

新资本思维： 如何开一家值钱的公司

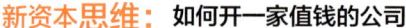

图 3-20　分众传媒品牌标识示意图

　　江南春在事业开始之初的第一个风险投资商是他自己。液晶电视联播网最初只是江南春所拥有的永怡传播广告公司的一个项目，然而江南春对这个自己设计的项目极为看好。2002 年下半年，江南春投入自有资金 2500 万元启动液晶电视联播网项目，一举签下了上海 100 幢顶级商务楼，安装了 400 多台液晶电视，形成一张日覆盖近百万人次的联播网。接下来的发展江南春自己也始料不及，他曾说："我以前从未想过融资，而是喜欢自己投资，自己管理，后来发现联播网是一个资金需求量极大的事业，根本不是几千万元可以做的，而恰恰这个时刻软银来找到我，想投资这个项目，联播网从此就与国际投资机构产生了一系列的合作。"

　　2003 年 5 月，分众传媒赢得了软银的投资——4000 万美元；2004 年 4 月，鼎晖国际 CDH 等注资 1250 万美元进入分众传媒；2004 年 11 月，高盛宣布向分众投资 3000 万美元……从最开始 2500 万元的启动资金，到日本软银 4000 万美元巨资注入，再到鼎辉国际投资、TDF 基金以及 DFJ、中经合、麦顿国际投资、高盛联手提供的数千万美元风险投资，分众传媒凭借不断得到的资本力量，以让后来者绝望的速度大规模地开展了"圈楼"运动。在短短两年多的时间里，江南春在全国45个城市中占领了20000幢商业楼宇。正如《福布斯》杂志所描述的："江南春以最快的速度占领当地的主要高档写字楼，将剩下的市场空间留给了随后出现的模仿者。"

分众传媒的液晶电视联播网是一个独特的媒体概念，受到专业机构投资者的关注是理所当然的事情。除了看好分众传媒独特而有效的媒体形态外，这些风险投资机构对分众传媒的经营团队也是青睐有加。相对于分众传媒富有创造性的媒体创新，风险投资机构更大的信心来自其良好的经营团队。

与专业机构投资者的合作，让分众传媒得到的不仅仅是巨额的资金，江南春曾说，机构投资者的加入，使分众的后台管理系统趋于完善和符合国际资本市场的要求，这些都是以前公司所不具备的。软银与江南春达成注资协议后，在英属维尔京群岛注册成立了分众传媒（中国）控股公司，江南春和其他三位创始人以及软银为公司股东，控股公司在中国香港设立子公司。香港公司又在上海注册成立两家公司——分众多媒体技术（上海）有限公司和上海分众广告传播有限公司，由这两家公司具体运营从永怡传播剥离出来的商业楼宇联播网项目，这无疑为分众日后海外上市埋下了伏笔。

如果没有专业机构投资者的钱，分众传媒的发展不可能如此之快，其占领市场的速度也不可能如此迅速，那么它所遇到的竞争形势将会更加严峻。正是机构投资者的钱让分众传媒一家独大，快速成为行业

新资本思维： 如何开一家值钱的公司

的领军者。对于江南春来说，软银投资给他的 4000 万美元当然是值钱的钱。

下面我们再来看看京东的案例。

京东开始融资的时间是 2007 年，当时京东年销售额超过 8000 万元，但刘强东觉得靠自有资金无法让京东再上一个台阶，于是京东开始谋求融资，并成功获得第一笔融资，投资方是今日资本，共投资 1000 万美元。

钱刚到手，刘强东就宣布了两个决定：第一，由仅售卖 3C 产品向全品类扩张，使京东转为一站式消费平台；第二，自建仓配一体的物流体系。

接下来，刘强东开始筹建广州分公司、购买库房、扩充渠道，产品种类也从 3000 种增加到 18000 种。风风火火一年，为未来做的铺垫还没完成，京东就把第一轮融资用完了，第二轮融资势在必行。但是，金融危机也来了。

今日资本的总裁徐新拉着急需融资的刘强东，到处给他介绍投资人，由于客观经济环境实在是太糟糕，恐惧在华尔街及整个创投界蔓延。徐新回忆，今日资本第一轮投资京东后，京东的成长非常快，本来目标是翻一倍，结果翻了两倍，但这笔钱根本不够，再去融资时金融危机来了。曾有几个机构带着京东和今日资本寻求新一轮融资，许诺融 2 亿美元，大家喜出望外，结果见了十几个投资人，都不肯投。几个与京东谈得好好的投资人，在听说美国雷曼兄弟破产后，也都避得远远的。

刘强东和助理半年见了 40 多个 VC，最多一天见过 5 个 VC，结果所有人都说不，而京东如果再拿不到钱，只能过桥贷款，每年利息是 20%，相当于高利贷。

此时，京东的估值跳水式下降，刘强东和投资人谈的融资金额也从 2 亿美元降到 1.5 亿美元、1.2 亿美元、1 亿美元、8000 万美元、6500 万美元、4500 万美元……最后降到了 3000 万美元。

那一年，今日资本在召开年会的时候，除了邀请 LP 外，也没忘叫上刘强东。当刘强东在年会的台上介绍自己和京东时，好运终于光临到他头上——一位来自中国香港的知名银行家留意到他。这个人是徐新曾经的上司、百富勤投资的创始人兼香港超级富豪梁伯韬。他是徐新找来的"大咖"，并被特意安排在与刘强东相邻的位置。

在刘强东介绍完京东后，梁伯韬认同了刘强东的理念，于是拉上徒弟——雄牛资本的李绪富，打算先对京东做个调查。李绪富是投行出生，与苏宁紧密合作过，可以说是亲眼见证了苏宁是如何颠覆传统零售业并崛起的，与刘强东的结识，让他意识到另一种颠覆的可能性。

最终，在梁伯韬的撮合下，京东完成第二轮 2100 万美元的融资，其中雄牛资本领投 1200 万美元，今日资本跟投 800 万美元，梁伯韬以个人名义投了 100 万美元。刘强东后来回忆这段经历时也感到后怕，称那个年代所有人都不敢投，要不是这 2100 万美元，京东就完了。

新资本思维： 如何开一家值钱的公司

这笔钱，照样被刘强东有条不紊地用在京东的物流平台、服务技术等方面。京东"自毁"般的"烧钱"终于迎来了效果：2008～2012年，京东的年销售额分别为13.2亿元、40亿元、102亿元、210亿元、600亿元。比当当的种类全，比淘宝的正品多，京东终于在电商拥挤的竞争环境里杀出一条血路。

正是专业机构投资者的钱救活了京东，让现在的电商行业里多了一家值钱的巨无霸企业。对于京东和刘强东而言，这几千万美元比什么都值钱，它让京东活了下去并有了开疆扩土的资本。试想，如果当时刘强东依靠的是银行贷款或者"兄弟伙"的钱，那么京东能够渡过难关吗？刘强东能够实现京东的发展战略吗？答案是否定的。

首先，京东当时需要的资金数额非常庞大，远不是几百万人民币的量级，而有哪个"兄弟伙"能够给刘强东数额如此庞大的资金？

其次，以京东当时的毛利率和电商行业的竞争态势来看，刘强东想要从银行获得贷款的难度很大，没有哪家银行会把钱贷给一个没有偿还能力的企业。让刘强东去跟银行谈京东的发展战略，会有哪家银行愿意听？

在关键时刻，我们看到了专业机构投资者的资金与上述两种资金的显著区别，只要你的项目符合专业投资者的投资逻辑，他们看好你，那么不管你现在如何，他们都会把钱投给你。尽管刘强东强调的自建物流与全品类扩张的发展方向没有得到投资者的认同，但是他们并不会干预刘强东，因为他们知道没有谁比刘强东更了解京东了。事实也证明了这一点，京东随后几年的发展如日中天，现在已经成为专业投资机构争相竞投的对象。

由此可以看出，真正值钱的钱来自专业机构投资者（风险投资），而让这些钱变得值钱的是钱背后的主人——专业机构投资者。

这就是笔者所认为的真正值钱的钱与它们的来路。

如何打动专业机构投资者

现在又一个关键的问题来了，既然专业机构投资者（风险投资）的钱是值钱的钱，为了做一家值钱的企业，就必须要依靠这样的钱，那么如何才能从专业机构投资者（风险投资）的手中拿到值钱的钱呢？本小节我们就来看看如何打动专业机构投资者（风险投资）。

首先我们必须了解专业机构投资（风险投资）的特点。

专业机构投资（风险投资）的运作一般包括融资、投资、管理、退出四个阶段。

融资阶段是解决"钱从哪儿来"的问题。在融资阶段，最重要的是解决投资者和管理人的权利义务及利益分配。

投资阶段则解决"钱往哪儿去"的问题。投资机构通过项目初步筛选、调查、估值、谈判、条款设计、投资结构安排等一系列程序，把资本投向那些具有巨大增长潜力的创业企业。

管理阶段是解决"价值增值"的问题。投资机构会通过监管和服务实现价值增值。监管主要包括参与被投资企业董事会，在被投资企业

新资本思维： 如何开一家值钱的公司

业绩达不到预期目标时更换管理团队成员等；服务则主要包括帮助被投资企业完善商业计划、公司治理结构以及帮助被投资企业获得后续融资等。

退出阶段是解决"收益如何实现"的问题。投资机构主要通过IPO、股权转让和破产清算三种方式退出所投资的创业企业，实现投资收益。

从投资行为的角度来讲，这里所说的专业机构投资（风险投资）是把资本投向蕴藏着失败风险的高新技术及其产品的研究开发领域，旨在促使高新技术成果尽快商品化、产业化，以取得高资本收益的一种投资过程。

机构投资者一般具有较为雄厚的资金实力，在投资决策运作、信息搜集分析、上市公司研究、投资理财方式等方面都配备有专门的部门，由投资专家进行管理。因此，机构投资者的投资行为相对理性，投资规模相对较大。

从运作方式来看，风险投资是由专业化团队管理的投资行为，是向特别具有潜能的企业投入风险资本的过程，是一种利益共享、风险共担的投资方式。专业投资机构（风险投资）的投资决策都是建立在高度专业化和程序化的基础之上的，以保障投资的成功率。因此，有专业的投资团队是专业机构投资（风险投资）的显著特点之一。

专业机构投资（风险投资）的另一个特点，是他们的投资期限多为3～5年，投资方式一般为股权投资，并且通常占被投资企业30%左右的股权（孙正义投资马云除外）。专业机构投资（风险投资）并不要求控股权，也不需要任何担保或抵押。这是因为专业机构投资投的是人，而不是项目，一旦他们看好你这个人，就会用资本来支持你。如果你拥有值钱的思维，那么恭喜你，你被他们选中的概率会比其他人高很多。之所以专业机构投资（风险投资）不控股，是因为他们清楚只有企业的领导者最了解企业的发展战略，他们的目的是用资本支持企业的领导者以便从中获利，而不是自己去当领导者经营企业。

而非专业投资者在投资时的第一想法就是要控股51%，这是一个特别"屌丝"的想法，它所导致的结果就是外行领导内行，专业的机构投资者是不会犯这样的错误的。当然专业投资机构（风险投资）还会在投资之外为被投资者提供一些增值服务，其中就包括对被投资企业以后各发展阶段的融资需求予以满足。

专业机构投资（风险投资）的第三个特点是它的股权基金来自成熟的LP投资。LP是Limited Partnership的缩写，意思是有限合伙制，是私募股权投资基金(PE)的组织形式。有限合伙制是由资金的所有者向贸易操作者提供资金，投资者按约定获取利润的一部分，但不承担超过出资之外的亏损，如果经营者不存在个人过错，投资者亦不得要求经营者对其投资损失承担赔偿责任。

国内的专业投资机构很多，他们通过这种融资方式极大地促进了中小企业的成长。国际风险投资公司的掌门人如IDG资深合伙人熊晓鸽、鼎晖国际创投基金董事长吴尚志、赛富亚洲投资基金首席合伙人阎焱、红杉基金中国合伙人沈南鹏、金沙江创业投资董事总经理丁健、美国中经合集团董事总经理张颖、北极光创投基金创始合伙人邓锋、北斗

新资本思维： 如何开一家值钱的公司

星投资基金董事总经理吴立峰、启明创投创始人及董事总经理邝子平、德克萨斯太平洋集团合伙人王㸌等，他们掌管着各类风险投资基金，是专业机构投资领域的佼佼者。

近几年，专业机构投资的投资对象发生了一些变化，他们的投资重点是有发展潜力的非上市企业，并且其项目选择的唯一标准是能否带来高额回报，而不拘泥于该项目是否应用了高科技和新技术。换言之，投资的关键在于一种技术或产品是否具有好的市场前景，而不仅在于技术的先进水平，这为许多传统行业的企业打开了融资的通道。

根据上述专业机构投资（风险投资）的特点，如何才能获得他们的青睐，拿到"值钱"的钱呢？

第一，所属的行业没有太大的天花板。

行业天花板是指企业或行业的产品（或服务）趋于饱和、达到或接近供大于求的状态。作为专业机构投资者在进行投资之前会关注企业这方面的情况。

行业天花板分为三种情况。

第一种是已经达到天花板的行业，即极度饱和的行业。投资机会来自于具有垄断经营能力的企业低成本兼并劣势企业，扩大市场份额，降低产品生产和销售的边际成本，从而进一步构筑市场壁垒，获得产品的定价权。

百货企业是零售行业的重要组成部分之一，是曾经的零售业态老大。然而随着经济的发展、科技的进步、市场结构的完善，新兴零售业态发展迅速。面对专卖店、超市、购物中心、电商、外资百货企业等业态的挑战，再加上百货企业自身机制的弊端，中国的百货企业身陷"内忧外患"的困境。

图 3-21　百货商场

新的零售业态的兴起与快速发展，不断压缩着传统百货业的生存空间。近几年来，传统百货业一直面临着巨大的压力，相比之下，网络零售行业却呈现飞速发展的态势。百货行业属于劳动密集型行业，人力成本的上涨使企业失去了劳动成本低的优势。

另外，中国的百货业商品同质化十分严重，品牌重合率高、商品大同小异。顾客走进任何一家相同层次的百货店，往往会看到很多品

新资本思维： 如何开一家值钱的公司

牌几乎每家都有，可供挑选的款式也基本一样。而商品作为百货店经营的主要载体，是吸引消费者的重要因素。商品没有特色，随大流、千篇一律，百货店的竞争优势就很难体现出来，更不用说吸引消费者的关注。最终，各百货店之间的竞争不得不靠打折促销等价格战恶性竞争。

从上面的案例能够看出，百货行业的天花板近在眼前。对于这样行业的企业进行投资很显然不符合专业机构投资（风险投资）的要求，因为其投资回报率过低，风险又很大。

第二种是产业升级创造出新的需求，旧的天花板被解构，新的天花板尚未或正在形成的行业。如汽车行业和通信行业，这些行业已经比较成熟，其投资机会在于技术创新带来的新需求。创新会打破原有的行业平衡，创造出新的需求，这是专业机构投资（风险投资）的一个关注点。

从二级市场的产业研究报告中我们能够看到，在中国新型城镇化建设起步、国企改革深入推进以及海外市场复苏、需求扩张的背景下，很多投资者看好产业升级的投资机会。他们认为，受国内政策利好和国外经济复苏的影响，高端装备制造等具备核心竞争力、能够参与全球竞争的子行业增长势头将会较强。比如机械制造业正在围绕机器替代人以及能源使用效率展开产业升级。其中细分行业景气度将继续分化，"新型成长"子行业处于成长期，发展前景好；而"传统周期"子行业处于成长后期或成熟期，行业增速较慢甚至是负增长。专业机构投资（风险投资）对于"新型成长"的子行业会给予更多关注，而对"传统周期"子行业的企业就不会关注太多了。

第三种是行业的天花板尚不明确的行业。这些行业要么是新兴行业，需求正在形成，并且未来的市场容量难以估计，如新型节能材料；要么属于"快速消费"产品，如提高人类生活质量、延长人类寿命的医药产品和服务。这类行业历来都是伟大企业的摇篮，是专业机构投资者重点挖掘的对象，尤其是那些在细分行业里具备领军地位的优秀企业，即：小行业里的大公司。类似的代表企业有很多，前文中很多案例中的企业都符合这一标准，也因此他们从专业机构投资（风险投资）那里融到了大把的钞票。

从另外一个角度来看待天花板问题，就是聚焦到某一个行业的企业的天花板，对于同一行业的企业来说，天花板又可以分为以下几种。

第一种是售价天花板。这种天花板比较容易理解，就是销售价格受到限制。很多行业没有自主提价能力，比如水电燃气、公交车和公园等公用事业，这些行业的销售价格受到政府的严格管制。报纸也没有涨价能力，它只能在广告上向广告主提价。另外，自行车、低档手表等也是提价的弱势行业，价格涨幅远低于30年通货膨胀的升幅。如果说这还不是最差的行业，那么汽车、家电、计算机、手机、电话费等，它们的售价一直在下降，天花板竟然在不断降低！很显然仅这一点就影响了专业机构投资者的投资兴趣。

第二种是容量天花板。这一种也比较容易理解，就是企业的发展规

 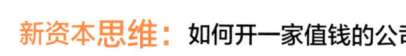

模受到限制。比如公路、桥梁或旅游园区等,不管有多少通行者和使用者,毕竟容量就是那么大,想要扩张容积相对困难。再比如黄金地段的百货公司和餐厅也是如此,除非走的是连锁的道路。

第三种是产量天花板。有一些行业的企业产能相对固定,除非对外实施收购,否则很难提升产能。另外对于矿产这样的资源,并不是取之不尽用之不竭,因此开采量会受到限制,这都不利于投资回报率的提升。著名的投资大师巴菲特就一直不喜欢矿业,他说:"我很难想象一座矿山采掘三五十年后变成一口空洞的样子。"对于专业机构投资者而言,只有人的创造性最为宝贵和恒久。

第四种是需求天花板。分为两种情况:一种是行业本身就没有很大的需求,比如一些机器设备或者高端产品等,这样的行业企业很难吸引到专业机构投资者,这就是所谓"卖原子弹不如卖茶叶蛋"的原因;另一种情况是需求中断,这是最为致命的天花板,也可以称之为夕阳天花板,比如黑白、彩色胶卷被数码照相技术取代,传呼机被手机所取代,这样的行业肯定不会吸引专业机构投资者。

第五种是成长天花板。它指的是企业由于自身发展过快造成无法再快速成长。比如当某家企业在行业领域占据70%以上的份额后,成长性就会大大削弱,继而呈现出缺乏后劲,缺乏市场空间的情况。美国企业策略委员会对世界50强企业进行了分析,发现90%以上的世界50强企业进入世界50强以后,增长速度就由原来的高增长降为3%~4%的低增长。它们必须依靠并购来保持高增长率,这样的企业遭遇的就是典型的成长天花板。

专业机构投资者最青睐的投资对象，是行业内有希望垄断但是还没有实现垄断的成长型企业，在这样的企业快速成长的过程中，投资的回报率通常会很高。比如我们在前文案例中提到的滴滴打车、贝贝网等都属于这种情况。

第二，企业的领导者本人具有极强的野心、斗志和愿景。

这一点非常重要，我们在前文就曾提到，专业机构投资者进行投资，最看重的就是企业领导者的眼光、魄力与愿景。要知道，专业机构投资者对于企业明年会盈利多少、后年会盈利多少并不感兴趣，他们关心的是企业经过几年发展后通过上市、兼并、收购等方式能够做到多大市值，在退出时能够获益多少。

如果一家企业目前的市值是1亿，企业领导者对投资人说他的梦想是在几年后做到1000亿的市值，那么这种愿景专业机构投资者是欣赏的。专业机构投资者知道梦想是需要打个折扣来听的，1000亿的梦想打折后也有700～800亿，这意味着，如果投资这个企业成功了，能够得到的回报依然非常高。相反，如果这家企业领导者对投资人说他想要做到10亿市值，那投资人是绝对不会投钱给他的，因为如果打个折，他最多也就能做到8亿市值，这样的企业投资回报率是非常低的。这就是专业机构投资者的投资逻辑。

纵观那些伟大的企业都有一个相同的特点，那就是都拥有非常伟大的创始人。在创业早期，这些企业几乎所有员工都有一个共同的信仰，认为他们可以改变世界。他们所做的每个决策都是基于：这个决策能否让我们离改变世界的目标更进一步。他们并不会特别在意短期的利

 **新资本思维：** 如何开一家值钱的公司

益得失，比如亚马逊，很多年一直处于亏损的状态，但员工们并不在乎，因为他们志在未来。

让我们来看下面这个案例。

2015年，中南大学大三学生姜植元获得了风投1.2亿元的天使投资，因为他发明了一种自主续航的无人侦察机，不仅完全不用人操控，还会自己找地方充电。

姜植元介绍他的项目时说："我国岛屿多、边境线长，靠陆地巡逻不现实，我希望研制出一种无人侦察机帮助保卫国家领土安全。"他的四旋翼无人机具备自动巡航功能，可以按照规定路线完成自主飞行，同时实时将巡航过程视频、图片传回。

市面上的无人机续航能力大多在两小时左右，而姜植元研发的飞行器可以实时监测自身电量，当电量减少到一定值时会自动启动"寻找充电桩"模式获取充电桩位置，并落在充电桩的太阳能板上进行无线充电。

而无人机所需充电桩，姜植元希望能在全省甚至全国范围内组建这种充电桩的网络，从而实现飞行器的自由飞行，"如果组网完成，从星沙用无人机送快递到岳麓山，成本只要2毛钱"。

风投为何会看中这个年轻的大学生？首先姜植元的无人机项目拥有一个非常好的梦想——"中国岛屿多、边境线长，靠陆地巡逻不现实，无人侦察机能保卫祖国领土安全。"其次姜植元拥有为实现梦想拼命的勇气：姜植元想让他的无人机飞起来，没钱不行，于是他找到中南大

学军选办，要了 2000 元科研经费。有了这笔经费，再加上自己每年 5000 元的国家奖学金，姜植元就底气十足地去拉合伙人了。

"我很感兴趣，立马答应了，但做起来很难。"一晚，班上专业成绩第一的吴婧接到姜植元发来的无人机电路板图。

"团队总人数一直维持在 5～7 人，各个专业的'大神'被分成了自动控制组、视觉识别组和通信组，各自攻关，但首要解决的就是操作平台问题。"

于是，这个团队三次更改了操作平台。"最后一次的新平台要自己改装，原来代码几千行，没日没夜花了三天才改完。"姜植元说，改完代码去聚餐时，一群人差点把快餐店卷空。

平台问题解决后，续航更让团队绞尽脑汁。市面上的无人机续航大多在两小时左右，姜植元希望无人机在电量减少到一定值时，可以自动寻找充电桩进行无线充电。在研究太阳能充电桩时，他们总是连续几天待在科研室。"熬夜是常态，有想法必须马上实现。"这就是姜植元的拼命精神。

梦想是个好东西，但做项目做企业不拼不行，想到了就要去做。因此，既具有挑战性的梦想又拥有持久的执行力，是专业机构投资者所看重的企业领导者的品质。

第三，是否拥有值钱的团队是专业机构投资者最关注的因素。

如果问什么因素对专业投资机构的投资决策影响最大，答案是团

新资本思维： 如何开一家值钱的公司

队。可见对于投资机构而言，企业的团队非常重要，特别是那些早期创业公司。因为早期创业公司要想获得真正的成功，通常要花 6～10 年的时间。在这么长的时间里，很多事情都有可能出错，而一个值钱的团队是确保企业始终走在正确的道路上的最有力的保障。因此，在决定对企业进行投资之前，专业投资机构都会花很多时间去考察企业的创始人和团队成员的情况。

因此，想要获得投资，企业在用人的标准上坚决不能做任何妥协。如果哪个员工不适合企业或是工作做不好，一定要尽快开除，要知道，一个糟糕的团队是导致企业失败的首要原因。

那么，在专业投资机构的眼中，值钱的团队应该是什么样的呢？

首先，企业团队的领导者既要有技术型的，也要有营销型的。有统计数据表明，技术型的人创办企业成功的概率低于50%，营销型的人创办企业成功的概率高于70%。因此，团队领导者的最佳配置是：营销型的人做董事长，下面有个懂技术的，有个做企业线上管理的，最好还有一个精通融资的。一般来说，懂技术的可以把关产品品质，懂融资的和营销型的人可以负责拉客户与协调各种资源关系。如果是这样的团队构造，会非常有利于早期的融资。

其次，值钱团队的年龄不能太大，30岁左右比较好，这个年龄正是创业的黄金年龄，年富力强，能够应对较大的工作压力。

最后，团队过去的经历非常重要。如果团队成员都曾是外资企业、大型企业或国有企业的营销骨干、技术骨干或管理骨干，那么投资机构会非常感兴趣，因为这表明团队成员都是值钱的人。

PART 3　做值钱企业的五个步骤

图 3-22　欧菲光品牌标识示意图

深圳的欧菲光（股票代码：002456）是一家国内领先的精密光电薄膜元器件制造商，以拥有自主知识产权的精密光电薄膜镀膜技术为依托，长期从事精密光电薄膜元器件的研发、生产和销售。目前，公司主要产品包括红外介质滤光片、镜座组件及纯平触摸屏等。

欧菲光的创始人蔡荣军1995年毕业于汕头大学，毕业后的6年里就职于柯达公司，一路从基层技术员做到技术部经理，既有客户又懂技术。离开柯达后，蔡荣军带着柯达公司的一些人开始创业。

欧菲光网络于2001年3月成立，由香港迅启和深圳智雄电子共同创办，双方分别持股约80%和20%。这家公司最开始的定位是做光纤通信精密薄膜元器件，不过产品的开发并不顺利，加上当时正值科网股泡沫破裂，企业发展陷入困境，于是公司原股东邀请蔡荣军接手企业。

蔡荣军当时刚好30岁，在外企柯达工作的几年中已经积累了一些

新资本思维： 如何开一家值钱的公司

行业经验。经过考察，蔡荣军决定把产品方向转向消费电子产品的精密光电薄膜元器件，并与原股东商量好承包的利润分成。不过，前两年公司并未盈利。2004年，欧菲光的两家创始股东将公司股权转让给了蔡荣军。

又经过两年的发展，欧菲光在红外截止滤光片领域打下了坚实的根基也有了一定的地位，业务也快速发展。2006年10月，欧菲光迎来了两家创投，分别是深圳创新投资集团和同创伟业创业投资有限公司。两家公司分别投资了1941万元和706万元。到2007年6月，深圳创新和同创伟业又分别追加投资1039万元和661万元。

在2010年8月欧菲光上市前，深圳创新和同创伟业分别持股约1060万股和674.6万股。以招股价30元/股计算，欧菲光上市时的估值已经达到21.6亿元，四年时间，深圳创新和同创伟业所持的股权价值分别约为投资额的10.7倍和12.7倍，年复合成长率超过了80%，两家投资机构的投资回报相当丰厚。

欧菲光的案例是典型的创业团队成功的案例，其创始人在柯达工作了6年，他有客户、懂技术，还把柯达的一些人挖了出来。在投资机构眼中，这种人成功的概率很大，这是因为它的创业团队拥有为值钱企业效力的背景。事实证明，在欧菲光上市后，当初给它投资的两家投资机构都赚了大钱，因此我们才会说团队过去的经历特别重要。

除了上述条件之外，想要打动专业机构投资（风险投资），企业还必须拥有明确合理的股权结构。很多企业因股权结构不合理致使专业机构投资望而却步。比如3个人一起创业，而3个人都持股33.3%，这样的股权结构会使企业发展出现一系列问题。

深圳朗科就是一个典型的例子。朗科是成晓华等3个人一起创立的，股权比例是"三三三"，即每人占股33.3%。后来，成晓华引进一个人，致使股权比例失衡。由于股权设计的问题，创始人团队矛盾重重。

而复星则是股权结构合理的范例。复星第一大股东郭广昌所占的股权是58%，换句话说，他就是第一业务主干，第二个大股东梁信军所占的股权是20%，剩下的股权归其他多人共同占有，这样的股权结构就非常合理。

专业机构投资（风险投资）认为，在股权结构上，一定要有一个相对的大股东，其他股东持股比例相对少一些，并且最好还有一种调整的模式。很多企业的股权结构都采用了"50%+50%"的模式，这种情况下，管理层团队很容易产生矛盾，为企业以后的发展埋下隐患。

科学合理的股权结构可以明晰合伙人之间的权责利，体现各合伙人对企业的贡献、利益和权利，更重要的是，有助于维护企业和项目的稳定。同时，对于企业领导者而言，在未来融资时，股权势必要稀释，合理的股权结构有助于确保创业团队对企业的控制权。另外，企业想要进入任何资本市场，无论是新三板还是A股市场，都要考察股权结构是否明晰、清楚。

新资本思维： 如何开一家值钱的公司

那么，对于已经采用股权均分的企业，应该如何改变股权结构呢？我们可以参考下面这个案例。

图 3-23　股权均分

1994年，4个要好的年轻人在四川简阳开设了一家只有4张桌子的小火锅店，这就是海底捞的第一家店。现在的海底捞董事长兼总经理张勇没有出一分钱，其他3个人凑了8000元，4个人各占25%的股份。后来，这4个年轻人结成了两对夫妻，两家人各占50%股份。

随着企业的发展，没出一分钱的张勇认为另外3个股东跟不上企业的发展，毫不留情地让他们先后离开企业，只做股东，不做管理。张勇最先让自己的太太离开了企业，2004年让施永宏的太太也离开了企业。2007

年，在海底捞步入快速发展轨道时，张勇让无论在股权投入还是时间和精力付出上都与自己相当的20多年的朋友施永宏也离开了企业。

张勇在让施永宏离开的同时，还以原始出资额的价格，从施永宏夫妇手中购买了18%的股权，由此，张勇夫妇成为海底捞拥有68%股权的绝对控股股东。

对此施永宏是这样说的："我想通了，股份虽然少了，赚的钱却多了，同时也清闲了。还有，他是大股东，对公司就会更操心，公司会发展得更好。"

海底捞以这样的方式解决了股权结构不合理的问题，这一方面得益于海底捞从一开始就是以张勇为主、施永宏为辅，形成了张勇是核心股东的事实；另一方面也得益于施永宏的大度、豁达与忍让。

专业机构投资者会重点考察企业团队的股权结构是否合理，以避免重蹈真功夫投资人的覆辙。他们希望标的企业的股权结构符合一定的标准，比如两个创始人的股权数加在一起能达到60%，然后预留10%～15%给未来新的投资人，也就是说，建立一个新进股权的蓄水池。或者对原有股东做一个约束，未来新进投资人时，原有股东要同比例转让，第一大股东转让3%，第二大股东转让5%，第三个大股东转让10%等。

本节我们谈了怎样才能拿到专业机构投资（风险投资）的值钱的钱，这个步骤在做一家值钱企业的过程中特别重要，是需要企业领导者高度重视的问题，它关乎着企业的发展速度及从竞争环境里脱颖而出的能力，甚至影响到企业今后的生死存亡。

新资本思维：如何开一家值钱的公司

步骤四：在研发、运营层面重磅投入

做一家值钱的企业第四个步骤，是在产品研发与运营层面重磅投入。为什么要这样做？这是因为产品研发的投入，带来的是产品市场竞争力的提升，而运营投入则会提升整个企业的复合增长率。

研发投入提升产品竞争力

有数据显示，目前我国企业在产品研发上的投入与国际同行相比已经非常接近，但还有差距。比如华为在产品研发上的投入是8.9%，微软是14.6%；东风汽车是2.1%，日本丰田是3.6%，德国大众是5.2%。

对于值钱的企业来说，保证行业领先的竞争力必须依靠产品，因此可以说，企业对产品研发的投入程度决定了其竞争力的高低。科学技术是第一生产力，研发投入的多寡表明了企业的核心竞争力，企业的研发投入效果最终都会反映到产品的竞争力上。所以，企业的研发投入，是评估企业的重要因素，特别是科技型企业。

让我们来看下面的案例。

华为是一家生产、销售通信设备的民营通信科技公司，涉及的产品以通信为主，主要包括通信网络中的交换网络、传输网络、无线及有

PART 3　做值钱企业的五个步骤

线固定接入网络和数据通信网络及无线终端产品(手机、电脑)，为世界各地的通信运营商及专业网络拥有者提供硬件设备、软件、服务和解决方案。

图 3-24　华为官网截图

最令华为骄傲的，是其研发能力，华为已经在深圳、西安、北京、杭州、成都等地设立了研发中心，在美国、加拿大、欧洲、俄罗斯等研究所开展 IT 技术领域的能力布局，与业界顶尖的科研院校展开合作。华为已经投入超过 10000 人构筑 IT 能力。而在这种超强研发能力的背后，是华为每年在研发方面的巨额投入。

华为坚持每年至少把销售收入的 10% 投入到研发中。在过去的 10 年里，华为在研发方面的投入至少有 2000 亿元人民币。仅 2014 年，华为的研发投入就高达 400 多亿元，很少有企业能在研发上投入这么多钱。

2015 年，华为的研发投入有 90 亿美元，而 2016 年全球上市公司中研发经费排名第十的也才 85 亿美元。在没有上市的公司中，研发费

新资本思维： 如何开一家值钱的公司

用超过华为的更是没有，华为的研发投入轻松进入全球前十。值得一提的是 Apple 公司去年在研发上投入是 60 亿美元，全球排名第 18 位。

高额的研发投入使华为在进入移动端市场的搏击中获得了巨大的成功，作为中国做通信较早的公司，华为的产品和渠道都是建立在其强大的研发能力之上的，因此华为的产品才会有如此强的竞争力。软件产品、通信网络连接产品、终端产品等几大主营业务的确立，使华为的产品链条更加充实和完善。

2016全球企业研发投入排行榜
（World Top 2500 R&D investors）

欧盟委员会2016年12月发布　　@科技美学整理

企业研发投入排名	总部	研发费用（亿欧元）	所属行业
1. 大众	德国	136.12	汽车及零部件
2. 三星电子	韩国	125.28	电子、电气设备
3. 英特尔	美国	111.40	科技：硬件和设备
4. Alphabet（谷歌）	美国	110.54	软件、计算机服务
5. 微软	美国	110.11	软件、计算机服务
6. 诺华	瑞士	90.02	制药和生物技术
7. 罗氏	瑞士	86.40	制药和生物技术
8. 华为	中国	83.58	科技：硬件和设备
9. 强生	美国	83.09	制药和生物技术
10. 丰田汽车	日本	80.47	汽车及零部件
11. 苹果	美国	74.10	科技：硬件和设备

图 3-25　2016 年全球企业研发投入排行榜

2017 年，华为公布了一张让人无比震撼的成绩单：2016 年销售收入 5200 亿元，同比增长 32%；手机发货量 1.39 亿部，同比增长 29%。

PART 3　做值钱企业的五个步骤

5200亿元是什么概念？有人给出了直观的答案：这相当于5个格力、2个联想、5个中兴、5个阿里巴巴、5个长虹、6个比亚迪、7个小米、20多个康佳，意味着超越IBM，成为全球500强前75名，增速全球千亿规模企业第一。

在华为递交的这份亮眼成绩单背后，是华为持续高水准的研发投入的支持。据欧盟委员会2016年12月底发布的"2016全球企业研发投入排行榜"，华为以83.58亿欧元研发投入位居中国第一、世界第八。作为中国企业研发投入排名第一的企业，华为的研发投入主要集中在电信领域，以确保其大规模基础设施供应商的领先地位。相比而言，苹果公司2016年全年研发投入为74.1亿欧元，世界排名第11位；美国制造业巨头IBM 2016年全年研发投入45.15亿欧元，世界排名第27位。

华为作为笔者所定义的值钱企业之一，尽管其对资本市场的态度与大多数值钱企业不同，但在企业的发展之路上，华为走的却是不折不扣的值钱之路。在产品领域持续重磅的投入让华为始终保持着行业顶级水准，表现出了超强的竞争力。

让我们再来看看小米公司。

对于小米公司大家都比较了解，它最主要的产品就是手机。小米联合创始人、总裁林斌在接受采访时曾说："大家认为小米的成功，就是因为小米的市场营销、推广做得好，我觉得这其实是对小米最大的一

新资本思维： 如何开一家值钱的公司

个误解。其实从创办第一天起，小米要做的就是一家科技公司。"

爆品是小米最简单也是最根本的逻辑。要做出爆品，最核心的竞争力是产品研发和技术研发。小米在技术创新方面投入了大量的资源，2015年，小米申请专利4000项，这些专利的申请不仅限于在国内申请的，还包括在欧美、日韩等申请的，其中核心的技术专利申请包括硬件技术、软件体验、硬软件结合的综合体验、边缘触控、儿童模式、人脸识别等。

支撑一家企业获得资本青睐，最终通过资本市场提升体量的根本是产品。对于手机市场来说，市场需求在转变，对小米提出的要求也就更高，过去小米的定位是性价比，但现在仅仅依靠这个定位已经不够了。除了基本的性能外，用户的需求呈现出更加多样化的特征，比如颜值要高、要轻薄，还要体验好……行业的竞争最终回归到了产品本身，而小米的核心竞争力正是技术层面的创新。

小米的产品研发周期特别长，一部手机的研发时间是12～18个月。在过去几年，小米与处理器、屏幕、相机等厂商进行了深度合作，从系统成件，到相机功能调节，都有小米工程师深度参与其中，和厂商共同完成。

围绕技术创新，小米所做的就是在软硬件领域及元器件领域持续的重磅投入。比如小米在Mi5上倾注了两年心血进行研发，比苹果投入的年度研发经费还要多出10亿美元。

2017年初，小米旗下的松果发布了首款自主研发的芯片"澎湃S1"，同时发布的还有首款搭载澎湃芯片的小米5c。这一行动宣告小米成为继苹果、三星、华为之后,第四家拥有自主研发手机芯片的手机厂商,也是中国手机厂商中,第二家有自己芯片的公司。

想成为一家伟大的公司,就必须掌握核心技术。芯片是手机科技的制高点,只有在核心技术上拥有自主权,公司才能走得更远。目前世界前三大手机公司(三星、苹果和华为),都掌握了芯片技术,小米要想跻身全球前几,必然也要拥有自己的核心技术。

"做芯片是九死一生,我们抱着10亿资金投入,10年研发周期的心态去做。"雷军在发布会上这样说,"卖100万件,每一颗芯片的研发成本要1000元。卖1000万件,每一颗芯片的研发成本要100元。"

雷军表示,尽管他没有仔细算过到目前为止在芯片上投入的具体金额,但一定超过了10亿元,"如果只投入10亿元就能解决这个问题,对于一个千亿级别的公司来说还不算是大数目,但问题是未来还要不断地进行投入,每一代芯片的投入都在10亿元级别以上"。

如此高的研发投入,对小米来说不算一个小数目。除了芯片以外,小米近一两年还在手机核心元器件、前沿技术(人工智能)等方面加大了研发投入。

小米公司从诞生至今仅仅几年而已,从2012年完成2.16亿美元融资,估值达40亿美元后,它就把值钱的钱大部分都投入到了产品研发上,直到小米概念手机小米MIX以及自主研发的芯片"澎湃S1"的发布,小米公司终于具备了强大的产品竞争力。

新资本思维： 如何开一家值钱的公司

任何一家值钱企业最初都一定是从聚焦做好一个产品开始的。当马云手里只有 50 万元的时候，肯定就只是想做好 B2B 业务，他当时要是给其他 17 位股东讲述一个包含阿里巴巴、淘宝、支付宝、天猫等业务的庞大帝国梦想，那阿里巴巴一定坚持不了两年就死了。回顾腾讯、百度、京东等值钱企业的战略与产品发展历程，会发现它们无不是从做好产品开始的，也正是因为在国内最先研发出了产品和模式，它们才撬开了投资者的大门。

值钱企业最初的产品切入点一定是刚性需求，而且都是把产品最核心的功能做到了极致，这个产品的核心功能帮助企业在初期获得了种子用户。比如 QQ 早期就是依靠"按照条件查找陌生用户"这一个功能打败 MSN 的；同样，360 是靠一键就能完成系统病毒查杀这个功能战胜其他实力远超它的对手的。最著名的产品研发公司要数大名鼎鼎的苹果公司了。

苹果公司的产品创新能力很强，这是研发经费大量投入的结果。苹果曾在不同场合表示，不断投资研发是苹果保持竞争力的关键，未来的发展和创新产品的销售也都离不开研发。

外媒对苹果公司从 1995～2013 年的研发投资进行了统计，结果发现苹果公司的研发投入几乎每一年都要比上一年高。随着 iPhone 和 iPad 的发布，苹果的研发支出更是达到了史无前例的高度。苹果在 2011～2013 年的研发支出占了自 1995 年以来研发总支出的约 50%。换句话说，苹果在这 3 年的研发支出比前 15 年加起来的还要多。

图 3-26　苹果公司 A4 芯片

这些研发费用的投入为苹果公司带来了超乎想象的产品。比如在 2008 年前后，苹果做出了一个大胆的决定，那就是自己研发处理器——这是一项难度很大的工程，对于没有芯片研发经验的苹果来说，这是一项冒险。为了获得对竞争对手的比较优势，苹果公司花几年时间完成了芯片人才的积累。苹果挖来了 AMD 公司的两名高管 Raja Koduri 和 Bob Drebin，与此同时，苹果还投入巨资进行了几项大手笔的收购。2008 年 4 月，苹果公司耗资 2.78 亿美元收购了致力于 PowerPC 架构处理器研发的 PA Semi 公司。就像乔布斯所说的，P.A. Semi 公司最值钱的部分就是 P.A. Semi 团队的专业技术和专利。

2010 年 4 月，苹果又以约 1.21 亿美元的价格收购了小型芯片公司 Intrinsity，这是一家位于得克萨斯州奥斯汀的企业，以与三星合作开发移动设备的高速芯片而著称，同时也是苹果的合作伙伴和竞争对手。

新资本思维： 如何开一家值钱的公司

这起并购使苹果能够根据自身对移动设备处理器的功耗需求进行定制生产，免受第三方芯片公司的产品质量、周期和成本波动等影响，同时使苹果的移动设备能够在处理器速度、续航能力等方面领先于竞争对手。

在经过艰苦的研发之后，A4芯片在2010年1月27日随着iPad被苹果正式发布，并于2010年3月投产，此后，A4芯片又正式搭载在iPhone4中。

乔布斯在2010年年初iPad发布会上对此进行了高度评价，他说："iPad是由我们自己设计的芯片驱动的，我们苹果公司有一个优秀的芯片自主研发团队。iPad装备了我们自主设计的A4芯片，这是至今为止我们所用的最高端的芯片产品，内部集成了处理器核心、GPU核心、IO核心和内存控制器，所有这些功能都被集成在一块性能强劲的A4芯片中。"

A4芯片的开发费用高达10亿美元，对于一家消费电子厂商来说，这笔支出绝对惊人。要知道在此之前，绝大多数的PC厂商和智能手机厂商都倾向于采购其他公司开发的芯片。

在iPad和iPhone4发布之后，关于苹果A4芯片功耗的研究报告也出炉。经过测试，iPad的电池使用时间达到了10小时以上，而iPhone4的电池性能也比iPhone3GS有了大幅提升，因为处理器对于电子产品的电池续航时间具有重要的意义，苹果公司的A4芯片以强大的功能震惊了业界。

PART 3　做值钱企业的五个步骤

在产品研发领域的重磅投入成就了苹果时尚尖端的产品，为了做出好的芯片，苹果公司甚至发起了几次并购，这种重视产品研发，发展产品研发的决心与态度让苹果成为当今世界产品做得最好的企业之一。下面我们再来看一下前文曾提及的值钱企业——滴滴打车，从产品研发的角度探寻一下滴滴成功的奥秘。

滴滴在进行产品方向选择的时候，程维的团队看到了中国打车市场的前景。首先，在大城市打车难，这是大众的刚性需求；其次，国外有类似的模式，并且有拿到融资的先例；最后，移动互联网的到来，手机定位距离的属性变得越来越重要。

滴滴在起步时并不顺利，最初的产品是花8万块钱外包开发的，总达不到上线标准，推出时间一拖再拖。好不容易上线了，问题非常严重，数据包太大，Bug有30多个，不仅耗电，还很耗流量。出租车司机使用滴滴的产品后都很气愤，甚至怀疑滴滴是在和运营商一起骗流量。滴滴在第一个产品上走了弯路，与早期选择技术合伙人不够慎重有关。程维不懂技术，所以就拉了一个懂点儿技术的哥们创业了，结果做出来的产品不行，4个月后，程维果断地让这个技术合伙人离开了公司。

因为团队没有懂技术的人，滴滴痛苦了很长一段时间，直到2012年年底，程维请来了百度的研发经理张博，才彻底弥补了滴滴技术上的短板。张博的特点是简单、正直、愿意付出、容易沟通。事实证明选择张博是非常明智和正确的。程维曾说："张博是上帝送给滴滴最好

 **新资本思维：** 如何开一家值钱的公司

的礼物。"

在张博的带领下，滴滴的产品开始在适用性、用户体验度方面得到提升。滴滴打车通过滴米系统、用户画像系统、精准营销、智能匹配、需求预测系统和运能预测系统等构建着自己的核心竞争力。

2016年6月，滴滴宣布完成新一轮45亿美元的股权融资。该轮新投资方中，苹果向滴滴投资10亿美元，中国人寿向滴滴投资6亿美元，蚂蚁金服投资2亿美元，而滴滴的老股东阿里巴巴在这一轮继续投资2亿美元，腾讯、招商银行、软银三家也同样追加了投资。对于这一次的融资，滴滴用在了平台技术升级、大数据研发和运营、提升用户体验、进一步拓展国内外市场和新业务等方面，以寻求长期竞争中的优势。

2016年滴滴将主要精力投入到了大数据和滴滴研究院上，希望在未来3~5年内形成一个世界顶级人工智能和机器学习的研究院。2016年4月，滴滴机器学习研究院升级为滴滴研究院。目前滴滴研究院的研究方向包括：机器学习、计算机视觉、人工智能、数据挖掘、最优化理论、分布式计算等。

滴滴在数据领域的投入要高于竞争对手，以通过技术投入形成和竞争对手的绝对差异。

综合上述几个案例可以发现，对于值钱的企业而言，面对的第一道门槛不是融资，而是找到靠谱的产品团队把产品做好。企业的产品如果用户体验做不好，那么再好的商业模式、再多的钱、再多的资源，对企业来说都是毫无意义的。也就是说，没有好产品，资源、资金、

模式、空白市场机遇等都无法转化为对企业有利的积极因素。而做好产品的关键就是搭建好产品团队，在产品研发领域进行重磅投入。

运营投入提升复合成长率

除了在技术研发层面进行重磅投入外，想要做一家值钱企业还必须在运营层面进行同样重磅的投入。

在同行业内，每家企业的运营活动其实都差不多，但是为什么经营效果却千差万别？这是因为运营方式不同。打个比方，一个人从 A 地到 B 地，可以选择步行、出租车、自驾车、公交车、地铁、自行车等不同方式，每种方式都能到达终点站，但是由于投入不同，效果就完全不同。

因此，企业运营投入的目的，是让企业更适合未来的经营环境，拥有更高的效率，花费更短的时间取得更好的效果，从而形成更大的竞争优势。

在运营层面进行重磅投入包括：不惜一切代价组建顶尖人才团队以及广告投入。

首先来看人才运营这部分。在之前的章节里我们谈到了组建值钱团队的内容，实际上这也可以算作是人才运营的一种表现。下面来看碧桂园的案例。

2010 年，中建五局总经理莫斌加入碧桂园任总裁，他的年薪为

 **新资本思维：** 如何开一家值钱的公司

605.4万元，略高于碧桂园董事局副主席杨惠妍603.5万元的年薪。2013年，中海集团董事朱荣斌加入碧桂园，任执行董事及联席总裁，两年后他拿到了553.6万元的年薪。2014年，同样有中海、中建职业背景的吴建斌，出任碧桂园首席财务官，2015年年薪为619.5万元。

随后碧桂园经历了快速发展，2016年进入中国房企三甲。碧桂园的这种跳跃式发展，与其人才打造、激励制度、架构体系、管理思维等方面的改革息息相关。

从2010年开始，碧桂园就加大了对外部职业经理人的招揽力度。从头建设人力基础体系，以提高碧桂园人才团队的职业化程度。那时候杨国强对人才的渴求到了迫不及待的程度。他甚至对人力资源总经理彭志斌说："你能不能帮我搞一个盒子，把一个人装进去，然后按钮一按，出来就可以知道这人行还是不行，是60分还是70分？"

美国通用电气公司（简称GE）在1990年发动的全球人才招揽计划启发了杨国强。于是，杨国强做了一个决定——启动"未来领袖计划"，在全球广招名校博士，碧桂园给这些人才以高薪和高职位前景承诺，其力度与广度，为中国地产行业所罕见。

碧桂园所招募的这些博士的共同点是：情商与智商都很高，人际互动能力强，较少愿意投入科研工作，希望快速实现人生价值。他们属于学术派博士中的另类，这也正是碧桂园的博士选拔标准。

到2016年底，入职碧桂园的博士已超过400人。但杨国强仍不满足，他向内部发出了动员令：2017年碧桂园还要招300名博士，其中至少有200名博士是海外招聘，海外启用。

最近两年，碧桂园的博士们开始进入区域总裁的队伍。比如碧桂园澳洲区总裁胡国辒，就是英国帝国理工大学毕业的博士，加入碧桂园不足3年。曾在世界银行工作的森林城市首席战略官于润泽博士，加入碧桂园也不过两年多。碧桂园的目标是，到2017年要培养超过100名博士成为项目总经理、区域总裁或更高级别的管理者。

通过超常规的人力建设，碧桂园建立起一个远超同行的"青年近卫军"，他们在一个曾经被认为是家族企业的公司内部得到"火箭式"升迁，可以肯定的是，这个队伍中将有不少人会成为碧桂园的高层管理者。

除了吸引顶尖人才之外，碧桂园还创立了有效的激励政策。2013年碧桂园推出了"成就共享"的内部激励政策，对集团战略目标提供了有效的支撑。它的激励对象主要是区域总裁、项目经理及区域、项目其他管理层，体现出激励重点向核心骨干倾斜的思路。

"成就共享"的激励方案采取两种方式，针对土地拓展责任主体的差异给予不同的提取比例。针对区域主导拓展的项目：成就共享股权金额＝（净利润－自有资金按年折算后的金额×30%）×20%；针对集团主导拓展的项目：成就共享股权金额＝（净利润－自有资金按年折算后的金额×30%）×（10%~15%）。这两种方式体现的核心管理思路是引导区域做大做强，拿可以多赚钱的项目，引导项目尽可能多赚钱。这种激励方式无疑既保证了集团利益又调动起了中高层管理者的工作积极性。

 **新资本思维：** 如何开一家值钱的公司

碧桂园把人才运营做到如此程度让很多同行企业望尘莫及。

通过碧桂园的案例我们看到了值钱企业通过人才运营的方式聚拢人才，从而越做越大。这不仅依赖于企业独特的人才运营机制，更是企业在人才运营上重磅投入的结果。

也许你认为在人才运营上重磅投入只有现代值钱的企业才会去做，其实不然，早在 1800 年前的三国时期，就已经有了类似的做法。

三国时，天下三分，在这种政治局面下，人才的流动对国家的发展至关重要，甚至关系到了国家的兴衰。我们都知道刘备三顾茅庐请得诸葛亮，爱才之名远扬。而在三国中，曹操也是一个极其爱才之人。

说到曹操求贤，从他的《短歌行》中就可以看出。诗中每一句都表达出了曹操对人才的渴求，想将天下英才都收归己有之心。曹操对于人才的渴求，简直到了不顾一切、不择手段的程度，他曾发布过三次"求贤令"，且是用官方文告，大体意思是说"不管你是声色犬马之徒，还是鸡鸣狗盗之辈，劣迹斑斑也没关系，声名狼藉也无所谓，就是你曾经站错队我也不嫌弃，只要你有一技之长，只要你能为我曹某人所用，那就来吧，我曹某人欢迎你，功名富贵在等着你！"

曹操的三道求贤令无疑为他赢得了好人缘，于是不管是已经就业的还是待业的人才，就像听到了集结号一般，无不抱着大干一场的凌云壮志，投奔曹操的阵营，疏密不等地团结在了他的周围。

这是曹操招揽人才的一个很重要的方法，就连曹操的老对手孙权都

PART 3　做值钱企业的五个步骤

大发感叹:"曹操御将,自古少有!"

正因为曹操广纳天下英才,他的麾下才猛将如云、谋臣如雨,这为他实现"摧灭群逆,克定天下"的政治抱负打下了坚实的人才基础。

由此看来,对人才运营的重磅投入早在1800年前的中国就已经被广泛运用,最终历史也给予了那些投资人才的领导者以丰厚的回报。

当然,如果按企业所处的阶段进行区分,就能够看到,有些企业重磅投入人才运营是为了实现进一步的扩张,而有些企业则是为了快速成长。以碧桂园为例,它在人才运营方面的重磅投入为的是成为行业龙头,让企业的体量变得更大,是为实现企业的长期战略服务。而下面这家企业在人才运营上的投入则是为了实现快速成长。

图 3-27　九鼎投资品牌标识示意图

2014年,九鼎投资(股票代码:600053)挂牌新三板成为"PE第一股"。这家2007年才成立的企业仅仅用了7年时间,就成长为一家管理资产规模200多亿元、累计投资项目200多个、拥有员工近400

新资本思维： 如何开一家值钱的公司

人的私募股权机构。

2009年，吉峰农机登陆创业板，从最初的开盘价32.25元/股，在一个月的时间里涨至96.5元/股，区间涨幅接近200%，令作为股东的九鼎一炮而红。

事实上，在吉峰农机背后，是九鼎投资对投资项目的精挑细选，其将投资过程的各个环节进行拆分，找项目、尽职调查、评审、投后服务等都有专人各司其职。这种运作方式效果显著：2011年和2012年连续两年，九鼎投资投资的项目数量均居于行业首位，并被评为行业最活跃的投资机构之一。

回顾九鼎的发展史，具有相当传奇的色彩。

九鼎投资的创始人吴刚和黄晓捷同为四川人，两人相识于金融人的黄埔军校——清华大学五道口金融学院，因思考如何"快速赚大钱"而萌生了做私募股权的念头。

2007年，北京惠达九鼎投资管理有限公司(后来的昆吾九鼎投资管理有限公司)成立，注册资本为5000万元，黄晓捷任法定代表人。不久，拥有丰富投行工作经历的吴强，以及在信托公司担任过高管的蔡蕾先后加入，九鼎核心团队逐渐形成。

蔡蕾正式加入后，黄晓捷和吴刚向原单位提出辞职，吴刚没辞成，被派到北部湾锻炼，任集团总经理助理，挂职一年。直到2009年初，他才正式加入九鼎。

吴刚曾在闽发证券投行部工作过一段时间，他觉得"投行这个工作虽然不错，可是不适合单干"。在九鼎狂飙突进的发展过程中，公司核心人员都曾心生犹豫，而吴刚则是推行九鼎快速扩张最坚定的强硬人物。

禹勃2009年9月加入九鼎。当年11月，九鼎成立了第一支人民币医药产业基金，规模6亿元，禹勃出任总经理。加入九鼎之前，禹勃是海虹控股下属海虹医药电子商务网的总经理，他一手打造的这个网站年成交额最高达2800亿元。他还担任海虹集团助理总裁、全国医药精英俱乐部秘书长。在海虹控股之前，禹勃曾在国家医药局工作。

九鼎想做医药板块的投资，但由于专业性太强，需要一个专业领域的掌舵人，在禹勃加入九鼎前，九鼎已经和很多人接触过，但都不满意。在与禹勃面谈后，九鼎向他抛出了橄榄枝。此时禹勃对投资一窍不通，一个月后却决定加入九鼎。"九鼎和我沟通时一直强调两点，第一，在中国下半辈子做投资是没问题的，中国未来10年一定会产生伟大的投资公司和伟大的投资家；第二，加入九鼎也是没问题的，九鼎心态开放，后加入的人同样有发展机会。"

依靠"农耕式"的运作方式，九鼎终于在群雄逐鹿的PE行业杀出重围。所谓的"农耕式"，就是在各个省、区域找到合适的人员驻扎当地，负责联络和发现当地优秀的企业，跟当地政府、银行和券商等中介机构加强沟通。同时，九鼎在北京建立庞大的研究所，对行业中的优质企业进行纵向筛选，以纵横交错两种方法"扫荡"全国的投资目标。

为了实现这一目标，九鼎疯狂扩张招人。为了组建庞大的员工队伍，九鼎投入了高昂的成本，按400人的团队，每人一年人力成本50

新资本思维： 如何开一家值钱的公司

万元计算，一年要花去九鼎2亿。

九鼎投资在人才运营上的投入堪称重磅，主要分为两个部分，其一是构建拥有行业背景与金融领域工作经验的管理团队；其二则是迅速扩大整个企业的人员规模。这样的运营方式使九鼎投资在短短几年时间里迅速崛起，获得了快速成长。

在前文我们已经谈到，想要做一家值钱企业，在运营层面的重磅投入不仅包括人才运营，还包括广告。

在现代的商业模式中，企业依赖广告推销产品、开拓市场已经成为常态。广告可以为企业创造品牌效应，促使消费者对产品产生偏好，从而提高企业的知名度和美誉度，给企业创造区别于竞争对手的品牌资产价值。通常情况下，广告投入的额度越大，给企业带来的品牌效益越大，著名品牌的高知名度与其大规模的广告投入密不可分。想要成为一家值钱的企业，在广告运营层面也必须遵循重磅投入的原则。

神州租车（CAR Inc.）（股票代码：00699）成立于2007年9月，总部位于中国北京。它借鉴了国际成熟市场成功的汽车租赁模式，并结合中国客户的消费习惯，为消费者提供短租、长租及融资租赁等专业化的汽车租赁服务，以及GPS导航、道路救援等完善的配套服务。

2014年，神州租车已经在国内169个主要城市拥有约1000个直营租车网点，车队规模近130000台，服务的个人客户近百万名，企业客户数千家，成为中国服务网络最大、服务网点最多、车队规模最大、服务品种最全的全国性大型汽车租赁服务企业。

图3-28　神州租车网页截图

神州租车的前身是联合汽车俱乐部（UAA），成立于2005年，在2006年拿到了联想800万美元的风险投资。在两年时间里，联合汽车俱乐部发展了150万会员。2007年第三季度，联合汽车俱乐部开始做租车业务，公司也正式改名为神州租车。2010年，联想控股与神州租车举行联合新闻发布会，宣布联想控股12亿元入股神州租车；2012年，神州租车和美国华平投资集团联合宣布，华平将向神州租车进行2亿美元的股权投资。2014年9月，神州租车于香港联交所主板上市，这标志着这家租车行业的企业正式跨入了值钱企业的阵营。

神州租车的发展速度可以从其营收上看出。2009年神州租车营收仅5000万元，2015年已经达到了50亿元，增长了100倍，年增长率达到了113%。神州租车在2014年实现盈利，净利润4.3亿元，2015

新资本思维： 如何开一家值钱的公司

年净利润更上一个台阶，达到了14亿元，增长了221%。另外，从其业务规模也可见其速度之快，2013年年底神州租车拥有营运车共4万多辆，而至2016年，其营运车辆已经超过了8万辆，增长了近一倍。值得一提的是，随着公司业务规模的扩大，公司车队利用率并未降低，反而提升了。

在市场占有率上，如果把汽车租赁市场上的老二"一嗨租车"的数据拉出来对比下，就会发现，神州租车在中国租赁市场上是绝对的龙头，甩出一嗨几条街。事实上，不仅仅是远超一嗨租车，神州租车的车队规模超过了紧排其后的9家租车企业的规模之和，这在中国汽车租赁市场上几乎是一骑绝尘了。

神州租车能够如此快速的发展，并在行业里迅速占领市场份额，广告功不可没。神州租车的品牌系列广告分为4个部分，广告名称分别为Any One、Any Car、Any Where与Any Time，创意意为"何人、何时、何地、何车"，神州租车都能满足需求。

4个Any是神州租车的广告营销策略，也是体现其核心竞争力的运营思路。神州租车的广告主要投放在网络（如视频网站）、地铁和楼宇上。最初，神州租车以300多条不同内容的标语式广告成功占领广州地铁，包下了所有列车，全部线路都被一片黄色覆盖，而后几个月，史上最"黄"攻势，一并覆盖北上广并逐步辐射全国。另外，在微博上，神州租车还鼓励消费者去拍广告，拍完之后就有机会获得iPad。除此之外，神州租车还投放一些常规广告。

经过8个月的密集广告投放，神州租车在其潜在消费者群体中留

PART 3　做值钱企业的五个步骤

下了深刻的品牌印象，并进一步提升了市场份额。有数据显示，8个月里，神州租车销售额提升100%，品牌知名度提高50%，品牌喜爱度提高70%，品牌信赖度提高了70%。

神州租车是笔者见过的在广告投入上最彻底、最凶狠的一家企业，在很长一段时间里，在北上广这样的大都市，随处可以见到神州租车的推广广告。尽管神州租车并没有对外公布其广告推广的成本，但从其覆盖区域与投放效果粗略评估便可知这一数额必定非常巨大，堪称重磅。

下面的这家企业在广告投入上比神州租车有过之而无不及。

图3-29　加多宝凉茶

新资本思维： 如何开一家值钱的公司

加多宝集团是"加多宝（中国）饮料有限公司"的简称，是在英属维尔京群岛注册的外资企业，是香港鸿道集团全资子公司，主要从事饮料、矿泉水的生产及销售。加多宝集团于1996年推出了红色罐装凉茶，2012年5月推出自有品牌加多宝凉茶，2015年4月推出金色罐装凉茶。

有数据显示，著名的凉茶品牌加多宝在广告上的投入呈逐年递增趋势。从2003年的5000万元增长到2006年的2亿元再到近几年的10亿元以上，其在广告宣传上的投资逐年稳定上升。

2012年、2013年和2014年，加多宝集团分别以6000万元、2亿元、2.5亿元拿下高端音乐选秀类节目"中国好声音"的独家赞助权，借助"好声音"，加多宝完成了知名度普及的任务。该赞助起到了与消费者深入沟通的作用，在2012年加多宝失去"王老吉"商标权后，迅速依靠"好声音"扩大了其知名度。

除了对"中国好声音"的独家冠名外，加多宝在2014年春节档实现了对央视春晚以及湖南卫视跨年夜、小年夜和新春三台晚会的包揽，还在央视2015年《天气预报》特约冠名，可以说，加多宝在广告投入上的手笔令人震惊。

一直以来，广告投入都是加多宝营销策略上最为重要的一环。在加多宝的广告投入逐年增加的同时，其销售量也在迅猛增长。2002～2006年，加多宝的年销售额增长比较缓慢，平均每年增长9.55亿元，但是从2006年开始，加多宝的年销售额出现大幅度上涨，在短短5年时间里从2006年的40亿元迅速增长到了2011年的180亿元，

PART 3　做值钱企业的五个步骤

平均每年增长达到 28 亿元。2012 年，加多宝的销售额一跃超过 200 亿元，由此可见"红罐凉茶加多宝"的广告投入取得了立竿见影的效果。

加多宝的广告渠道并不局限于电视和网络，还包括大量的地铁广告和平面媒体广告。加多宝通过广告的方式将娱乐营销和传统营销相结合，不仅起到了培育消费者认知的作用，还将企业的信息传递给了投资者、供应商以及企业员工，为加多宝企业创下销售奇迹提供了保证。

广告投入在加多宝的成长过程中起到了积极的作用，帮助加多宝打造出了自己的品牌、塑造了企业文化、提升了竞争力、赢得了消费者，从而占领了市场。

由此我们也看到了广告投入在企业运营过程中起到的正面效能。下面再让我们看看京东广告运营的案例。

对于京东的成功，很多人会感到困惑，为什么一个一直在亏损的企业却有数不清的投资人愿意把钱投给它？这就不得不谈京东的企业发展战略。刘强东当年在拿到第一笔投资时，没有人想到京东 10 年后的营业额能达到 1813 亿元，京东家电在网购市场（含移动终端）的份额能达到 60.2%，远远领先业界。2007 年自建物流、2012 年电商大战、2015 年美国上市，可以说京东的发展过程就是迅速抢占市场份额、不断扩张的过程。在京东的发展目标里，扩张是主旋律，只要模式没有问题，未来的盈利就肯定没有问题。所以看似亏损，还有人投资就是这个道理。

新资本思维： 如何开一家值钱的公司

图 3-30　京东广告网页截图

在具体的运营层面，为了配合京东的扩张战略，广告投放就成为必然选择。有数据显示，京东的广告费已经超过了它的盈利平衡，由此可见京东在广告上确实下了血本。

多年来，B2C电商行业大战的主角在广告投放上从来都不惜血本，只求全方位包围消费者，以形成洗脑般的攻势。2016年，京东以大规模广告轰炸引爆了家电市场的争夺战。

当时，京东的广告投放涵盖了包括新闻、社交、出行、天气、娱乐等几乎所有APP的开机页面。不仅如此，传统PC端网站如搜狐视频、腾讯视频也被全面覆盖。时至今日，京东投放广告的对象已经呈现出多样化的趋势，除了传统的电视媒体、户外广告媒体、互联网媒体、移动端媒体以及自媒体外，京东还采用在电影、电视剧中植入广告的方式来实施推广，这使得京东的品牌内容广告在一年的时间里覆盖量达到令人吃惊的 100 亿人次。

值钱企业在广告运营上重磅投入,其实带有明确的目的性,这个目的很显然不是为了盈利,而是为了获得高速的复合成长。我们都知道,值钱企业的背后都有机构投资者的身影,而对于机构投资者而言,最重要的是时间,他们为企业投入资本,希望企业能够快速成长,以便快速获利,因此,企业的发展速度是机构投资者最为看重的。

为了向机构投资者展示企业的快速成长价值,值钱企业在获得融资后就必须想办法尽快抢占市场份额、扩大企业规模。而人才运营与广告运营则是相对的两种捷径,这就是为什么值钱企业一定要在运营层面进行重磅投入的原因。

综上所述,本节向读者朋友们介绍了做一家值钱企业步骤中的第四个步骤,即在研发与运营层面重磅投入。这样的做法会让企业迅速成长为具有相当体量与行业竞争力的企业。一旦企业具有显著的规模后,就要向行业龙头的地位发起冲击。为了实现这一目标,值钱企业最常用的方式就是伺机并购。

新资本思维： 如何开一家值钱的公司

步骤五：伺机并购

并购是企业间经常会发生的一种行为，一般是指兼并和收购。兼并指的是两家或者更多的独立企业合并组成一家企业的行为，通常由一家占优势的企业吸收一家或者多家企业。而收购则是指一家企业用现金或者有价证券购买另一家企业的股票或者资产，以获得对该企业的全部资产或者某项资产的所有权，或对该企业的控制权。对于值钱的企业而言，当发展到一定规模后，想要突破"瓶颈"最常采用的方式就是并购。

并购的目的通常来说有两个，第一是消灭竞争对手；第二则是做大做强，补齐短板。下面我们就来分别展开详论。

最好的商业模式是"垄断"

贝贝网 CEO 张良伦的一个观点笔者非常赞同，那就是"最好的商业模式就是'垄断'"。这个观点反映了一种典型的做值钱企业的思维，而垄断又主要分为横向垄断和纵向垄断两种形式。

横向垄断指的是同一行业内有竞争关系的多家企业横向联盟，以达到市场优势地位，并以此来排除、限制竞争的行为。纵向垄断则指同一产业或品牌中处于不同经济层次、无直接竞争关系的商家，通过某种联合所实施的排除、限制竞争的行为，其中最普遍的表现形式是生产商操纵下游经销商转售产品的价格。

一个企业能够垄断竞争市场会带来一系列好处，由于垄断企业的规模通常很大，所以首先可以获得规模经济带来的好处，能够保证较强的研发能力，同时具有低成本的优势。垄断使企业长期获得的超额利润，可以促进企业乃至整个行业的进一步发展。

实现垄断的最直接方式就是消灭所有竞争对手，使自己在行业里一家独大，想要做到这一点，并购是必不可少的。

产生并购行为最基本的动机是寻求企业发展，企业发展有内部扩张和并购两种选择。内部扩张是一个缓慢而不确定的过程，而通过并购发展则要迅速得多，尽管它会给企业带来不确定性。从值钱思维的角度看，企业为了快速成长，自然要选择并购这条路。

让我们先来看看并购能够为企业带来哪些好处。

第一，扩大生产经营规模，降低成本。通过并购，企业规模得到扩大，能够形成有效的规模效应。规模效应能够带来资源的充分利用和整合，降低管理、原材料、生产等各个环节的成本，从而降低总成本。

第二，提高市场份额，提升行业战略地位。规模大的企业，伴随着生产力的提高，销售网络的完善，市场份额将会大幅度提高，从而确立企业在行业中的领导地位。

第三，并购还能帮助企业取得充足廉价的生产原料和劳动力，增强企业的竞争力。通过并购使企业的规模扩大后，能够大大增强企业的谈判能力，从而有可能获得更廉价的生产资料。同时，高效的管理、

新资本思维： 如何开一家值钱的公司

人力资源的充分利用和企业的知名度，都有助于企业降低劳动力成本，从而提高整体竞争力。

第四，品牌是价值的动力，同样的产品，甚至是同样的质量，名牌产品的价值远远高于普通产品。并购能够有效提高品牌知名度，提高企业产品的附加值，使企业获得更多的利润。

第五，并购能够帮助企业获得先进的生产技术、管理经验、营销网络、专业人才等。并购活动收购的不仅是企业的资产，而且包括被收购企业的人力资源、管理资源、技术资源、销售资源等。这些都有助于企业提升整体竞争力，对企业实现发展战略有很大帮助。

第六，企业还可以通过收购跨入新的行业，实施多元化战略，分散投资风险。这种情况出现在混合并购模式中，随着行业竞争的加剧，企业通过对其他行业的投资，不仅能有效扩大企业的经营范围，获取更广泛的市场和利润，而且能够分散因本行业竞争带来的风险。

并购既能够快速获取行业地位扩大企业规模、提升企业复合成长率，又可以消灭竞争对手，实在是一个一举两得的方法。全球很多知名企业都是通过并购的方式赢得市场、赢得竞争的。

甲骨文（Oracle）公司，全称甲骨文股份有限公司，是全球最大的企业级软件公司，总部位于美国加利福尼亚州的红木滩。1989 年正式进入中国市场，2013 年，甲骨文已超越 IBM，成为继 Microsoft 后全球第二大软件公司。

图 3-31　甲骨文品牌标识示意图

纵观甲骨文公司的发展历程，能够看到，它的成长道路其实就是一条典型的并购之路。在 2015 年之前，甲骨文已经收购了 40 多家软件公司，耗资超过 335 亿美元，其中，2005 年初，以 103 亿美元收购全球第二大客户关系管理软件厂家仁科 (PeopleSoft)；2007 年 3 月，以 33 亿美元收购商业情报软件厂家海波龙 (Hyperion)；2008 年初，以 85 亿美元收购中间件巨头 BEA；2009 年，以 74 亿美元收购 IT 及互联网技术服务公司 SUN；2016 年，以 93 亿美元现金收购 NetSuite 公司。

甲骨文 CEO 拉里·埃利森曾在 2005 年面对媒体采访时毫不讳言地说："希望通过更多的收购来保持公司的高速增长。"

有数据显示，目前甲骨文在数据库软件市场的份额已经达到 48.6%，遥遥领先于占有率为 20.7% 的 IBM，最为可怕的是：甲骨文还处于上升通道，而 IBM 的市场份额却在下滑。

甲骨文公司的发展战略都源自于："只有上规模的公司才能制胜，而消灭竞争对手最好的方法就是买过来"这一准则。

埃利森曾经表示，像甲骨文这样的软件公司在硬件上所需的投资是有限的，唯一能保证公司不断壮大的策略就是通过收购巩固市场，获得更多的客户。

在软件行业，规模决定一切。如果规模够大就有能力增加投入，公司也有足够大的客户群体为增加的投入埋单。事实确实如此，一系列的收购让甲骨文的产品线更丰富，也获得了新的市场机会。

甲骨文在收购竞争对手的同时，也将其客户一起买来了。未来产品单一的软件公司将难以生存，因为客户更愿意从一个供应商那里获得一个全功能的软件组。

因此，甲骨文在进军人力资源管理软件市场后收购了仁科，在进军客户关系管理软件市场后收购了 Siebel；在进军中间件市场后收购了 BEA 系统；在进军商业情报软件市场后收购了 Hyperion；为了在快速增长的云计算业务中提升市场份额收购了 NetSuite 公司……

与甲骨文公司秉承的发展观点相似的企业有很多，即使是在国内，为了赢得行业战争，也有很多企业采用了并购的手段，滴滴打车、携程、58 同城等都是这样的企业。

2012 年，滴滴以 80 万元起步，聚齐了阿里的人、百度的技术、腾讯的钱之后，开始攻城略地、所向披靡，备受风投机构追捧。和滴滴几乎同时在杭州成立的快的打车，获得了阿里的战略投资，成为了滴滴当时最大的竞争对手。快的和滴滴自成立之日起，竞争就格外激烈。滴滴获 4 轮投资，公布的总金额超 8 亿美元。而快的公布的融资金额与滴滴差不多。其身后分别获得腾讯与阿里的支持。在雄厚资本的支撑下，从 2014 年 1 月起，快的和滴滴开始了补贴大战，总计补贴数十亿元。虽然滴滴每月广告收入已达千万级别，但与动辄上亿元的补贴相比无疑是杯水车薪。

图 3-32　滴滴并购图示

激烈的血拼培育出了打车市场，滴滴的用户从 2000 万激增到 1 亿，在补贴峰值时，滴滴快的市场占有率共达到 98%，其中滴滴占到 6 成。

2014 年 7 月，快的正式上线"一号专车"，开展商务用车业务，并采用价格补贴战略。在专车的战场上，快的重新把滴滴拖入了战场。2014 年 8 月，国际巨头 Uber 悄然进入中国市场，面对新老对手，滴滴的压力骤增。

新资本思维： 如何开一家值钱的公司

2014年末，滴滴融资7亿美元，随后快的宣布融资8亿美元，大家都不知道这场出行领域的南北大战还要持续多久。滴滴和快的在大战中烧钱数十亿人民币，市场份额接近，谁也无法消灭对方。而这个时候，百度联合Uber在旁边虎视眈眈。

在找不到有效盈利模式的情况下，钱这么烧下去不是办法。首先，双方背后的资本方有很多交叉持股公司，总体利益趋同，更重要的，在代驾、拼车等更广泛的移动出行领域，更多的竞争对手正在日益壮大。

在滴滴D轮融资中，俄罗斯投资巨头DST出资6000万美元。DST创始人尤里·米尔纳在参访滴滴的过程中对程维说："Uber来了，如果要活命，只有和快的合并一个办法。"

程维决定听取投资人的建议，于是制订了代号为"情人节项目"的合并计划。

其实，这并不是滴滴与快的第一次谈合并，早在2013年，双方就曾进行过合并谈判。当时两家公司包括程维、王刚、吕传伟等人在内的关键人物在杭州机场进行谈判，但因为两家公司正处于激烈竞争阶段，信任基础薄弱，对股权比例等问题也达不到共识，第一次谈判宣告失败。

而这一次谈判的形式与两年前相比发生了微妙的变化，是继续火拼，还是握手言和共同面对其他竞争者，两家公司为此开始进行更有诚意的沟通。谈判一共进行了22天。2015年情人节，滴滴和快的宣布合并，市场份额占优的滴滴团队，主导着合并后的新公司。

这次合并，是中国互联网历史上最大的未上市公司合并案。程维在合并结束后这样说："我们完成了一件互联网历史上没有人做到的最成功的合并，因为互联网历史上还没有竞争到这种程度的对手完成合并。"

滴滴与快的合并后估值 60 亿美元，占据大部分市场份额，而其所面对的新竞争对手是估值 500 亿美元 Uber。

2015 年 3 月，Uber 中国宣布降价 30%，其降价政策非常果断，所带来的效果则是用户飞速增长。2015 年 7 月，程维在寻求新一轮的融资时，曾拜访 Uber 美国总部，想象征性地得到他们的融资。Uber 创始人特拉维斯·卡拉尼克提出的要求是"接受 Uber 占股 40% 的投资，否则将被 Uber 打败"。于是滴滴选择了：开战。

双方在中国打了一年多，Uber 在中国亏损超 20 亿美元，很显然巨无霸 Uber 陷入了中国的泥潭。而双方的投资者非常希望滴滴与 Uber 中国停止烧钱大战，因为滴滴与 Uber 有着共同的投资者：贝莱德、高瓴资本、老虎基金、中国人寿。

2016 年，滴滴宣布与 Uber 全球达成战略协议，滴滴将收购 Uber 中国的品牌、业务、数据等全部资产。双方达成战略协议后，滴滴出行和 Uber 全球将相互持股，互为对方的少数股权股东。Uber 全球将持有滴滴 5.89% 的股权，相当于 17.7% 的经济权益，Uber 中国的其余中国股东将获得合计 2.3% 的经济权益，滴滴也因此成为了唯一一家腾讯、阿里巴巴和百度共同投资的企业。同时，滴滴出行创始人兼董事长程维将加入 Uber 全球董事会，Uber 创始人 Travis Kalanick 也将加入滴

 **新资本思维：** 如何开一家值钱的公司

滴出行董事会。

至此，滴滴完成了行业称霸，成为名副其实的龙头。2017年4月，滴滴再次宣布完成新一轮超过55亿美元融资，滴滴的估值由上轮融资的340亿美元上升至超过500亿美元，相当于3500亿元人民币。

中国的互联网行业流传着一个"721"法则，即一个超级公司会占据市场70%的份额，排名第二位的会占据20%左右的份额，剩余10%由很多家小公司分食。这个法则已经在搜索市场、社交市场等领域被百度、腾讯等公司验证。

在上面的案例中，滴滴和快的合并前，双方各自占有50%和40%的市场份额，双方价格战连番打，还是没能争出高下，而合并后，滴滴出行所占的市场份额一度被外界认为超过70%，甚至超过90%，立即成为市场垄断者。而随着滴滴收购Uber中国，其市场份额进一步扩大，神州专车、易到用车等竞争者只能在7后面的2和1里生存，再也无法撼动滴滴的行业第一宝座。

除了滴滴和快的外，携程和去哪儿合并、世纪佳缘和百合网合并、58同城和赶集网合并，所展现的都是相似的企业发展思路。

2015年10月，携程发布公告称，携程和去哪儿合并，合并后的携程将持有45%的去哪儿股份。据外媒统计数据显示，携程与去哪儿两家公司合计市值达156亿美元。该交易宣布之后，未来去哪儿将继续作为独立的上市公司运营，与携程在在线旅行市场齐头并进。

PART 3 做值钱企业的五个步骤

图 3-33 携程与去哪儿合并示意图

随着行业价格战的日趋激烈，利润的空间会越来越小，如果不在行业内开展大规模的并购，恶意的价格战将愈演愈烈，盈利也将遥遥无期。

对于携程来说，尽管之前连番发起并购，但都是小范围内的细分市场的战略布局，无法影响整个行业的格局。即使是以4亿美元现金收购艺龙股份也是一样，因为亏损的艺龙已经被严重边缘化了，一家即将出局的企业并不能影响整个战局。

携程清楚地知道，只有长期保有自动造血功能的公司才能长久发展，并获得资本市场的青睐。作为中国最大的在线旅游平台，携程10余年的持续盈利能力是投资者的信心保证，然而长期的行业战争会让部分稳健型投资者选择退出，风险型投资者则会入市，从而可能造成携程股价的波动，继而对保持股价的稳定增长形成挑战。而对携程而

新资本思维： 如何开一家值钱的公司

言,无论是入股途牛、同程,还是并购艺龙,短时间内都无法带来财务上的收益,因此携程把目光放在了去哪儿身上。

反过来看看去哪儿网,它的压力更大。

2014年,去哪儿年度亏损超过18亿元,而该亏损仅仅带来了翻番的营业收入。截至2014年年底,去哪儿网的现金、现金等价物以及短期投资总价值为15亿元,这意味着,若保持如此烧钱的速度,去哪儿可能很难熬到下一个冬天。而去哪儿想要获得新的资金,要么继续让百度授信,获得百度高达10%年息的贷款,要么引入新的投资者,而无论哪种方式都需要大股东百度首肯。

去哪儿网2014年的营收同比增长虽然超过了100%,但总支出同比增长超过300%,亏损更是激增12倍。对比2013年第二季度,每1块钱营收要用0.17元亏损换;到2014年第四季度,每1块钱营收要用1.3元亏损换,这个数字一年半涨了6.65倍。这说明去哪儿的以低价换取利润的政策,在以携程为龙头的在线旅游平台的竞争下已经疲态尽显。

基于上述原因,携程最终和去哪儿走到了一起,这样做不仅一举改变了在线旅游行业的格局,而且双方在业务上形成了良好的互补效应。

携程并购去哪儿网是典型的以垄断市场为目的的并购行为,事实上在2015年年中,去哪儿就曾收到携程收购所有流通股的要约,但去哪儿拒绝了该提议。而在短短几个月后,处于巅峰时期的去哪儿就以无奈的方式退出了行业"一哥"的争霸,成就了携程在在线旅游行业的

图 3-34　世纪佳缘与百合网合并

龙头地位。

2015年12月,中国最大的婚恋网站世纪佳缘同竞争对手百合网合并。根据合并协议,百合网通过使用公司自有资金、定向发行股份获得的资金及银行贷款,以每普通股5.04美元或美国存托股(ADS)7.56美元的现金对价收购世纪佳缘。世纪佳缘和百合网合并后,在用户数上跃居行业第一位。

从2014年的互联网婚恋交友服务提供商收入规模排名来看,世纪佳缘、百合网、友缘股份、珍爱网所占的市场份额分别是27.6%、15.3%、14.9%和14.2%,也就是说,这个市场在当时并没有绝对意义

新资本思维：如何开一家值钱的公司

上的领跑者。

世纪佳缘与百合网的并购，很明显的意义就在于通过行业老大和老二的合并，来获得行业的竞争优势与垄断地位。

历史上，并不占据绝对优势的老大和老二合并，意图把整个市场的主导权牢牢掌握在自己手里的案例很多，世纪佳缘与百合网并购的目的就在于此，这次并购实际上也是婚恋交友行业重新整合的开端，由于世纪佳缘和百合网身后的竞争者追赶的步伐日渐加快，比如那时候有缘网已经开始运作 IPO，竞争的严峻态势促使世纪佳缘与百合网走到了一起，从而成为了行业中真正的龙头。

图 3-35　象征 58 同城与赶集网合并的漫画

2015年4月,58同城正式宣布与赶集网合并。据悉,58同城将获得赶集网43.2%的股份,58同城和赶集网两家公司将保持双方品牌独立性,网站及团队均继续保持独立发展与运营。根据与赶集网达成的最终协议,58同城将以现金加股票的方式获得赶集网43.2%的股份,其中股票3400万股现金4.122亿美元。赶集与58同城合并后,在资本层面两家将组成新的公司——58赶集有限公司。

赶集网此前共获得五轮融资,包括2009年蓝驰创投的A轮投资800万美元,2010年诺基亚成长伙伴基金和蓝驰创投的B轮投资2000万美元,2011年今日资本和红杉资本的C轮投资7000万美元,2012年来自中信产业基金、OTTP及麦格理的D轮融资共9000万美元。2014年8月,赶集获得E轮融资,融资总额超过2亿美元,投资方为老虎基金和凯雷投资集团。赶集接受58同城的战略投资,意味着两家分类信息平台多年的激烈竞争告一段落。作为该领域排名第一和第二的公司,战略合作后将获得分类信息市场的绝对份额。

根据比达咨询发布的报告,2014年平台类移动生活APP累计用户市场份额中,58同城占40.6%、赶集网占33.4%、百姓网占16.3%。据此推算,合并之后的58赶集在移动端的市占率将高达74%,处于绝对垄断地位。但双方合并的意义不仅仅在此,除了成为分类信息行业毫无争议的巨头之外,58赶集在生活服务O2O领域也具有十分广阔的前景。

在分类信息网站不约而同进军O2O的大背景下,原有的分类信息业务的重要性已经不如从前。过去,58同城和赶集网都以招聘、房产、

新资本思维： 如何开一家值钱的公司

二手车三大业务为支柱，但从2014年开始，O2O成了它们重兵布局的领域。

58同城原计划用三年花费10亿美元在O2O领域进行投资并购，但一年时间就花掉了大约15亿美元，其对新领域的急切之情可见一斑。公开资料显示，58同城成立了到家服务平台58到家，还收购了驾考平台驾校一点通、房产信息平台安居客，入股家装O2O公司土巴兔。赶集网则建立了二手车交易业务"赶集好车"，并与房多多合作，将房多多的房源合并到赶集网的房产频道。

如果说此前因为有对方的存在，58同城和赶集网都只能做到小而美的话，那双方合并之后的体量增长则会使它们成为未来改变中国互联网走向的重要力量之一。合并之后的58赶集将削减市场预算，提升对商户的议价能力，这些有助于改善58赶集的盈利状况。而有了大笔资金后，58赶集会在新兴的O2O领域走得更快，成为中国互联网不可忽视的一股力量。

从上述并购案例中我们可以看到，合并的对象都是行业排名前两位的领先企业，这种并购行为接连发生，充分表明中国的互联网行业已经从自由竞争形态走进了寡头竞争形态，值钱企业纷纷通过并购来实现行业段位的跨越。

在中国，企业发展模式通过几十年的发展，已经需要更广泛的协同效应所带来的规模效应，尤其在全球一体化和互联互通大行其道的今天，市场范围不断扩大，竞争日趋激烈，企业需要追求资本集中，从而增强对市场与行业的垄断控制力。因此，并购成为最佳的方式，很多企业通过并购不但规模上扩大了，而且获得了技术、专利、品牌、渠道等无形资产。

做大做强，补齐短板

并购的目的除了消灭竞争对手，让自己成为行业的领军者外，还有帮助企业做大做强，补齐短板的好处，让我们来看百度的收购案。

图 3-36　象征百度并购的漫画

2013 年 7 月，百度出资 19 亿美元收购 91 无线已发行的全部股本，这次收购也成为当时中国互联网领域涉及金额最大的并购案。

当时的 91 无线拥有 iOS 应用和 Android 应用两个下载平台，并且一直占据着 APP 应用下载量的首位，甚至已经在一些发烧开发者中建

 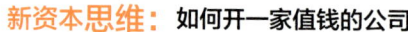

新资本思维： 如何开一家值钱的公司

立了开发者的公共平台。有数据显示，91无线的业务之一91助手当时总用户量已经超过1.5亿人，日均下载量超过2500万次，2012年通过91无线下载的应用超过100亿次。

反观百度，虽然在PC端的搜索市场占据了绝对的优势，但在移动互联网领域表现平平，之前开发的多款产品未见任何起色，急需在移动互联网领域有一个真正平台级的产品来形成核心用户圈。

百度这次收购的目的，在于将91纳入旗下之后可以将大量的流量导入到91，这对于面临强敌360侵蚀的百度无疑是有好处的。此外，借助联盟以及百度开发者的资源平台，百度可将更多的APP进行优先权的设置，以保证在国内应用领域的主导地位。因此，百度天价收购91的目的，实际上是希望全面补齐移动端的短板。

企业并购除了传统意义上的横向、纵向并购外，还包括混合并购的方式。一个企业想要进入一个全新的领域，会遇到各种各样的壁垒，尤其是经验、用户、技术，甚至资金方面，这些壁垒会加大企业跨行业发展的风险和成本。如果企业采用混合并购的方式，利用目标企业已经拥有的资源——原有的人才、已经占有的市场、营销渠道等，结合自身的优势，就可以降低企业进入新领域的风险和成本。

2015年8月，电商大佬京东集团宣布以9元/股的价格认购永辉超市定增的股份，斥资43.1亿元。此举不仅让京东持有永辉10%的股份，还可以自由任命两个独立董事。京东认购永辉超市的股份，目的在于加强二者在 O2O 领域的合作。

永辉超市（股票代码：601933）是中国超市中最好的生鲜品供应商，生鲜品销售占总销售的比例大大高于其他连锁超市，从其 2015 年半年业绩报告中可以看到，生鲜品销售占其总销售的 43%。

图 3-37　京东与永辉超市

吸引京东 43 亿元投入的正是永辉在生鲜品方面的优势，及门店、物流配送等更深层合作的想象空间，无疑拥有永辉这样的合作伙伴，京东通往线下的路会更顺畅。

随后永辉表示，双方合作主要涉及四大方面：强化联盟协同、积极探索线上线下合作模式及 O2O 业务发展、仓储物流协作，以及共同挖掘互联网金融资源。双方将建立高层定期沟通机制，共同商议合作重大事项。

新资本思维： 如何开一家值钱的公司

永辉让有强大物流却缺乏生鲜资源的京东看到了发展机遇。在京东到家的业务布局中，"3公里内零售生鲜两小时送达"是其核心业务，而永辉分布在各主要城市的300余家门店及生鲜配送体系无疑为京东快速扩张创造了条件。

京东入股永辉超市是典型的补齐短板，从而让企业做大做强的行为。京东的这次入股与当初投资途牛、投资易车如出一辙，即京东如果依靠自身力量很难在这些垂直细分领域做起来，但与每个垂直细分领域的行业老大联手，京东很快就能在这些领域发展壮大。

企业并购重组是全球化发展的结果，中国的企业也顺应这一趋势纷纷扩大规模，走上了并购的道路，尽最大能力占有更多的市场空间。在这种情况下，后知后觉的企业所面临的市场竞争会越来越激烈，以致稍不留神就会永世不得翻身。

并购或被收购，再或者自我灭亡

纵观那些不断发起并购的企业，无不通过并购获得市场份额、获取进入新市场的机会，并购对于它们而言是迅速提升企业估值的手段，同时也是变得更加值钱的方式。

2017年1月，东北电气（股票代码：000585）第一大股东苏州青创与北京海鸿源签订了股份转让协议，苏州青创以13亿元价格转让其持有的上市公司9.33%的股份，而北京海鸿源是海航旅游集团旗下的全资子公司。也就是说，这次转让交易完成后，海航集团成为东北电气第一大股东。

东北电气是1993年2月经重组后注册成立的股份有限公司，于1995年在港交所和深交所上市，是国内输变电行业和辽宁省首家境内外上市公司。东北电气是国内输变电和特高压直流设备主要供应商之一，主要控股的子公司有4家。

海航集团近年来的资本动作十分频繁，并购标的从国外到国内、从A股市场到港股市场，被称为"并购王"。海航集团1993年第一班航班起飞，1995年乔治·索罗斯为其注资2500万美元，2000年进行并购重组，如今其业务版图正逐步扩大，行业覆盖也越发广泛。

2015年12月，海航集团的总资产已经达到4687亿元（约合670亿美元），超过任何一家美国航空公司，比欧洲市场领导者德国汉莎航空和国际航空集团的资产总和还要多。随着2016年的不断收购，海航集团的总资产超过了1000亿美元。这个资产规模让海航集团跻身全球最大100家非金融公司之列，其排名超越了波音、迪士尼和可口可乐。

并购的方式能够帮助企业进入新的领域，扩充自身体量，并变得更值钱。海航集团就是通过不停的并购，使总资产迅速增加，变得越来越值钱。让我们再来看一个发生在2017年的并购案例。

2017年1月底，万达集团旗下院线美国AMC宣布以9.3亿美元并购北欧最大院线北欧院线集团。这是AMC继并购欧洲最大院线欧典院线之后，再次在欧洲并购大型院线，使得万达在欧洲电影市场的影响力进一步扩大。

图3-38 万达集团官网截图

北欧院线集团在北欧地区拥有118家影院、664块屏幕，影院遍布北欧50个大中城市，在瑞典、芬兰、爱沙尼亚、挪威、拉脱维亚和立陶宛等国市场份额排名第一。这次并购后，AMC在北美和欧洲15个国家拥有1000家影院、11000块屏幕，其作为全球最大单一院线的领先优势进一步扩大。

万达集团作为世界上首个跨国院线集团，除中国万达院线外，已在全球并购了美国AMC、美国卡麦克、澳大利亚赫伊斯、欧洲欧典、北欧院线集团，目前累计拥有1470家影城、超过15000块屏幕。王健林在2016年年会上曾表示，文化产业在2016年的收入占万达集团整体收入的比重超过1/4，已经真正成为万达的支柱产业。

在很早以前王健林就提出"到2020年万达集团要占据全球电影票房20%"的目标。为此万达集团展开了一系列并购：2012年，万达以26亿美元收购了美国院线公司AMC；2016年1月，万达以35亿美元并购传奇影业；2016年3月，AMC出资11亿美元并购美国卡麦克院线；2017年1月，万达又并购了北欧院线。除此之外，万达旗下还拥有亚洲最大的万达院线，这使万达在中美两个全球最大的电影院线市场都占据第一。随着北欧院线的加盟，万达向占据全球电影市场20%份额目标又迈进了一步。

万达集团在创立之初发展的是商业地产、高级酒店、文化旅游、连锁百货等产业，而如今，却向娱乐领域拓展，究其原因，无疑是王健林摸准了电影产业飞速发展的脉搏。然而，万达虽然在国内电影市场拥有市场份额与资源优势，但想要进一步提升市场占有率就必须打通国际市场。因此，从商业投资的角度来看，万达并购北欧院线集团以及之前的一系列海外并购，都可以看作是万达进一步扩大海外电影市场份额的一种手段。

商务部原副部长、首任驻WTO代表、中国世贸组织研究会会长孙振宇就曾在高峰论坛上明确提出"并购是企业做大做强必经之路"的观点。这与笔者的观点不谋而合，在笔者看来，在目前这个趋向于"极端"的市场环境里，企业生存的问题尤为突出。如今这个时代已经不是大多数企业小富即安的时代了，如果没有危机意识，那么企业在行业内将很难长久生存，因为竞争对手对市场份额的重视已经到了"饥渴"的程度，你不去消灭对手，就会被对手消灭。因此，只有让企业变得值钱，并且越来越值钱才是生存的唯一途径，而并购不是为了让你变强，而是为了让你变得"更强"，让竞争对手在你面前显得"更弱"。

经过行业竞争的洗礼后，我们会发现，每个行业里活下来的企业

 **新资本思维：** 如何开一家值钱的公司

屈指可数，大部分企业都会消失。以打车行业为例，我们看到的是滴滴打车一骑绝尘，而在它的成长道路上，有资格被并购的就只有快的、优步等几家企业而已，要知道在这个市场刚刚成型之时，可是有着数以千计的同类企业。这些小企业到最后连被并购的资格都没有，等待它们的只有自动灭亡。当用户全都被滴滴吸引过去后，由于市场份额的缩小，这些小企业最终都难逃一死。另外，被并购的前提是你的企业要足够大，要拥有较大的市场份额，快的和优步就是这样的。

打车行业的竞争状态，为我们展示了未来行业企业竞争的全貌。如果把一个行业的整合周期按阶段划分，可以分为四个阶段，即初始阶段、成长阶段、成熟阶段及稳定阶段。这是一个大致趋同的划分方式，因为按照行业发展的规律，一个行业在开始时集中度通常较低，通过不断兼并和收购直到达到饱和，并在周期的最后阶段呈现联盟的形式。

第一个阶段是初始阶段。在这个阶段，市场中充斥着各种规模的参与者，就像打车行业刚开始那样。这一阶段往往始于某个新兴行业或初创企业，如电子商务、文化传媒等。处于这一阶段的企业，需要更多关注的是营收而非利润，是技术创新和市场开拓而非赚钱模式，以增强企业的关键资源能力，提高竞争壁垒。

第二个阶段是成长阶段。这一阶段行业步入快速成长阶段，市场分散度开始降低，一些表现突出的企业开始一骑绝尘，并通过内生和并购的方式来实现企业规模的快速增长，从而获得行业的领导地位（滴滴正是这样做的）。在这一阶段，并购将成为必需。另外，在这一阶段慢半拍的企业往往会成为被并购的对象。

第三阶段是成熟阶段。企业已经通过并购拥有相当的规模优势，因而更加注重利润，行业的前三名企业已经产生，行业的前几名企业已经占据市场70%以上的份额，竞争已成均势。

第四阶段是稳定阶段。经过成熟阶段后，增长变得困难起来，于是龙头企业开始在成熟行业中找核心业务扩展的新途径，同时将一些新业务衍生到正处于整合期的新兴行业，以创造新一轮的增长机会，前文海航集团采用的正是这一方式。

因此，在上述这种行业发展的态势下，并不需要以什么长远的眼光来看，仅仅是聚焦当下就能够得出这样的结论：无论是什么行业，企业的结局都只有以下三种：并购其他企业、被收购、自我灭亡。如果你是一个企业家，那么请问你会选择哪种结局？

最好的选择是去收购其他企业，退而求其次也是被其他企业收购，没有任何一家企业的领导者希望自己的企业走向第三种结局。

纵观那些发生并购行为的企业，大多是上市公司，为什么上市公司具有并购其他企业的能力？

并购能力是企业利用自身剩余资源完成并购活动的实力，除了雄厚的资本之外，还包括人力资源、财务资源以及诸多无形的资源。

首先，人力资本是为企业创造价值的最直接因素，群体能力、创造能力、解决问题的能力、领导能力、企业管理技能，所有这些都属于人力资源的范畴。

其次，所谓财务资源是指企业所拥有的在并购资本使用过程中所形成的独有的不易被模仿的专用性财务资产,包括企业独特的并购财务管理体制、并购财务分析与决策工具、健全的并购财务关系网络以及具有独特财务技能的财务人员等。

最后,企业不仅要拥有人力资源、财务资源和实物资源等可见的资源,还要拥有许多无形资源,其中包括有产权的无形资源,即企业无形资产中的商标权、土地使用权、商誉等,也包括无产权的无形资源,即虽然没有明确的产权,但可以给企业带来好处的信息资源,如品牌、社会资本等。

几乎所有的上市公司都拥有一个专门负责并购的部门,通常称为"战略投资部",由专业的经理人负责,该部门的员工具有投资、咨询、财务、法律行业背景,他们的任务是根据企业发展战略,对上市公司所在行业、产业链或跨领域的企业进行系统搜寻,寻找并购标的。他们会同时关注不同的行业,并从中寻找目标企业进行长期关注,了解其业务、团队、经营、资源以及被收购的潜在意愿等信息。

对于一家上市公司来说,之所以常设并购部门,最主要的原因是要通过并购来保证企业的成长性。企业成长的途径一般有两条,一条是有机成长,即通过内部积累不断成长;另一条就是并购成长,即通过外部扩张迅速将外部资源内部化从而实现成长。美国著名经济学家乔治·勒蒂格勒在研究美国企业并购史后就曾指出:"没有一个美国大公司不是通过某种程度、某种方式的兼并收购而成长起来的,几乎没有一家大公司主要是靠内部扩张成长起来的"。由此可见并购在企业成长过程中的重要作用。

PART 3 做值钱企业的五个步骤

在投资界有这样一句话:"十亿市值靠业务,百亿市值靠并购"。企业的成长和市值是成线性关系的,因此市值可以准确衡量企业的成长状况。业界当下一个普遍的观点正好印证了这一点,那就是"老土豪赚利润,新土豪做市值"。

对于大部分企业来说,主营业务相对成熟,达到上市条件完成上市后,一般市值都能达到几十亿量级。然而无论是从企业自身的发展来看还是从竞争的要求来看,企业都需要不断成长。达到上市量级的企业,在市场竞争中要么整合其他企业,要么被其他企业整合,并购便产生了。通过并购,企业将有很大机会成长为几百亿的企业。不管上市企业和并购标的之间的业务会产生什么样的化学反应,单从财务杠杆的角度看,上市公司会获得显著的市值增长。

再从业务的角度来看,企业通过外部并购的方式成长相比于依靠内部积累的方式成长,不仅速度快,而且效率高。投资新建企业,投资周期往往很长,而并购则不仅见效快,而且减少了投资风险和成本。

如此看来,上市公司采用并购手段是为了达到迅速做大企业市值的目的。从这方面来看,我们也可以把上市公司看作是投资性质的公司。

以我国A股上市公司为例,其实施并购的最大标的池就是新三板。因为上市公司并购非新三板公司风险很大,其中包括财务风险、企业股东风险等,而新三板企业由于有券商保鉴,经过严格审核上市,作为并购标的是最合适不过的。当然,有关新三板的投资并购价值并不是本书的重点,在此就不展开论述了。

如此的竞争形态,更能让我们认识到拥有值钱的思维与意识是多么

203

新资本思维： 如何开一家值钱的公司

重要。每一家企业在未来都可能面临上述案例中的情况。紧抱着赚钱想法的企业，能否在未来应对值钱企业的围剿？答案不言而喻。

在本书开篇的时候，读者朋友们可能会把"做一家值钱的企业"的观点看作是一种呼吁，而到这里就应当清楚，"做一家值钱的企业"根本就不是一句口号，而是企业在发展过程中想要更好生存下去所必须具备的思维与素质，是做企业的人必须要走的一条路。

PART 4

值钱企业养成之路

前文我们探讨了做值钱企业的步骤，带给读者朋友们的是一些方向性的企业发展策略，比如要组建值钱的团队，要在研发运营层面进行重磅投入。那么，具体的实施方式是怎样的呢？这正是本部分的重点内容。

值钱企业的三大标准

首先我们必须了解衡量值钱企业的几个标准，也就是说把企业做到什么程度就算是值钱企业了。在这里，我列举了三大标准，分别是：3000万元以上的净利润；足够好的复合增长率（如果复合增长率足够好可以没有利润）；足够大的市场占有率。下面就让我们逐一来看这三大标准。

值钱企业的第一个标准是要有3000万元以上的净利润，这个标准是专门针对上市而言的。净利润3000万元是在全球各个股票市场上市的先决条件。通俗地讲，一家企业想要上市要满足以下几点要求。

1. 足够的市场占有率（最好行业第一）；

2. 足额的纳税（最好行业最多）；

3. 不错的市场美誉度和社会效应；

4. 连续几年的财务审计，合法的账面利润值；

5. 符合国家政策及大环境支持；

6. 合法的账面利润达到3000万元，全球任何资本市场都欢迎。

以中国为例，目前3000万净利润的财务指标是监管层审核IPO项目的重要标准。2016年中国监管层明确了IPO审核标准，即最近一年

新资本思维： 如何开一家值钱的公司

创业板净利润 3000 万元以下的拟 IPO 企业，将最大概率地实行劝退，其主要目的在于清理 IPO 排队中一些净利规模比较小且盈利能力出现下滑的企业。

基于此，结合我们前文不断强调的值钱企业与资本市场的关系，可以看出，一旦企业的净利润不足 3000 万元，那么想要进军中国资本市场是非常困难的。而如果不能上市，那么企业的体量、知名度、后期发展都会受到严重影响。因此，在目前的情况下，3000 万元净利润是企业想要拥抱二级市场的一道门槛。

值钱企业的第二个标准是足够好的复合增长率（如果复合增长率足够好可以没有利润）。"复合增长率"这个词我们在前文也反复提及，它是描述一个投资回报率转变成一个较稳定的投资回报所得到的预想值。

举个例子，假如你在 2005 年 1 月 1 日投资了 10000 美元，而到了 2006 年 1 月 1 日你的资产增长到了 13000 美元，到了 2007 年增长到了 14000 美元，而到了 2008 年 1 月 1 日变为 19500 美元。

那么根据计算公式，你的资金的复合增长率就是末年的数额（19500）除以首年的数额（10000），得 1.95，再取 1÷(2008-2005) 次幂，也就是开年数次方根，最后减去 1。最后计算获得的复合增长率为 24.93%，意味着你三年的投资回报率为 24.93%。

实际上，年增长率永远是一个短期概念，从一个企业或产业的发展来看，处于不同的发展时期其年增长率变化很大，但如果以"复合增长率"来衡量，就不同了。复合增长率是以相当长的一段时期为周期来核算的,更能够说明企业增长的潜力,这就是我们强调复合增长率的原因。

复合增长率越高说明企业的成长性越好,发展潜力越大。让我们来看下面这个案例。

图 4-1　京东 2017 年年会

在京东集团 2017 年年会上,刘强东回顾了京东的第一个 12 年。他说,京东自 2004 年成立以来,始终致力于用互联网的手段降低传统行业的成本、提升商业效率和改善用户体验,并成功地布局了电商、金融、技术等业务领域。其中,标志性的成就是:2016 年,京东集团成功进入《财富》全球 500 强,位居第 366 位。

京东公布的数据显示:在电子商务领域,12 年来,京东商城的交易规模保持了年均 150% 以上的复合增长率,增长了将近 9 万倍。京东的大件、中小件和冷链三张物流网络已经覆盖了中国 98% 以上的人口。

刘强东表示,按照京东商城目前的增速水平,京东将有望在 2021 年前成为中国第一大 B2C 平台。在互联网金融领域,2016 年京东金融的交易规模已经突破了万亿大关,3 年来交易规模增长了 8.65 倍。

12 年平均年复合增长率超过 150% 的企业能有几家?刘强东的观点是,100 年内可能也没有 10 家,而京东是其中之一。

无疑,京东 12 年年均 150% 的复合增长率超乎想象,很少有企业能够有如此之高的复合增长率。正是因为京东的复合增长率足够高,使众多资本看中了它的成长性以及未来的盈利能力,所以即使京东这些年来一直不赚钱却仍然有大把的机构投资者愿意把钱砸给它。这就是我们值钱企业第二个标准中括号里内容的含义——如果复合增长率足够好可以没有利润。

图 4-2　掌趣科技品牌标识示意图

北京掌趣科技股份有限公司成立于2004年8月，是国家高新技术企业、双软认证企业、国家规划布局内重点软件企业。公司主营游戏开发、代理发行和运营，主要业务包括移动终端游戏、互联网页面游戏及其周边产品的产品开发、代理发行和运营维护，拥有员工1500多人，已自主研发和代理发行了200余款游戏产品，是中国领先的移动终端及互联网页面游戏开发商、发行商和运营商。2012年5月11日，掌趣科技股份有限公司在深圳证券交易所创业板挂牌上市。

上市后，掌趣科技成为创业板成长性最好的上市公司之一，2009～2014年，掌趣科技的净利润分别为0.1372亿元、0.4133亿元、0.5569亿元、0.8230亿元、1.5362亿元、3.5045亿元，年均复合增长率达到91.17%，净利润几乎实现连年翻番。根据掌趣科技发布的2016年上半年财报显示，掌趣科技上半年总营收9.54亿元，同比增长高达108.65%。

2013年1月，《福布斯》中文版《中国潜力企业榜》在"最具潜力上市企业"榜单中，掌趣科技夺得头名；在"2014中国上市公司口碑榜"评选中，掌趣科技又被评为"最具成长性上市公司"。

"复合增长率"是评判一家企业未来发展潜力的重要指标，当企业在寻求资本投资的时候，如果复合增长率过低就无法获得专业机构投资者的青睐。以近几年非常火爆的消费金融行业来说，据不完全统计，2016年消费金融业获得超过900亿元的风险投资。根据艾瑞咨询的数据显示，近5年来，消费金融年均复合增长率达到16.4%。资本之所以

新资本思维： 如何开一家值钱的公司

如此集中地涌入消费金融这一领域，最主要的推动力自然还是消费在中国市场的巨大潜力。

由此可见，复合增长率是企业吸引专业机构投资者的重要指标。

值钱企业的第三个标准是足够大的市场占有率。这一条是毋庸置疑的，看看那些值钱企业，无一不是行业中的顶尖企业。这次我们换一个角度，借助专业机构投资者的眼光去看看企业市场占有率的问题。

徐新在投资界声名显赫，她是刘强东的伯乐，以独到的眼光和敏锐的判断，让10多家名不见经传的小企业一飞冲天，其中3位创业者还进入了福布斯富豪榜前100名。

徐新在谈到她对企业市场占有率的认识时曾说："我们早期投京东的时候，京东拿我们的钱做的第一件事就是扩充品类，增加了手机、大家电、小家电。"产品的极大丰富是刘强东做的最重要的一件事。刘强东决定卖书，并降低新用户第一次尝试的门槛，于是人就进来了，所以扩充品类很重要。

另外京东早期在建物流仓储上也投入了很多钱，一个城市还好，当复制到30个城市的时候就要赔很多钱。但建好以后用户非常满意，中午11点前下单当天就到货，晚上下单第二天到货，就这样，京东占领了用户的心。

同时，投资人还会将价格视为战略第一要素。徐新也投过唯品会，

PART 4　值钱企业养成之路

一开始唯品会的客单价200块钱，不温不火，后来把客单价降到100块钱后，流量果然增加了很多。

用户购物前肯定要比价格，当用户发现唯品会的价格比淘宝便宜，质量还很好时，就没有理由不买。有了3.5亿网购人群基数，唯品会的成长很快。这同样是一个抢占市场占有率的问题。

不管怎样，徐新认为中国目前有非常多的品类机会，她说："当品类机会来临的时候，企业一定要舍命狂奔，迅速跑到垄断的地位。一旦做到了，企业的日子就很好过，占领了消费者的心，后人则很难赶超。"

下面我们再从企业的角度来看看值钱企业在市场占有率层面的表现。

图4–3　宝洁公司旗下品牌

 **新资本思维：** 如何开一家值钱的公司

宝洁（英文名称：Procter & Gamble）创立于1837年，是全球最大的日用消费品公司之一。宝洁公司总部位于美国俄亥俄州辛辛那提，全球员工近11万人。宝洁在日用化学品市场上知名度相当高，其产品包括洗发、护发、护肤用品、化妆品、婴儿护理产品、妇女卫生用品、医药、食品、饮料、织物、家居护理、个人清洁用品及电池等。

宝洁在很长时间内占据了化妆品行业的龙头地位。让我们来看看宝洁各品类产品的市场占有率情况。

从美容产品领域来看，宝洁在全球市场的地位十分稳固，宝洁美容产品所在市场大都有许多全球强势竞争者，在护肤品类中，玉兰油占全球护肤市场8%的份额，在洗发护肤品类中，海飞丝、潘婷等占据全球市场20%的份额，在高端产品渠道，D&G、Gucci、HugoBoss等品牌香水以及SK-II都表现良好。

在面部修饰领域，宝洁是全球剃须刀市场的引领者，吉列锋速、锋隐、锋速3、Prestonbarba以及维纳斯产品占据全球市场70%的份额，宝洁的高端产品贡献了43%的销售额，其中吉列贡献了88%的销售额。同时，宝洁引进的锋隐系列在全球市场占有率业创下了31个季度持续上升的佳绩，并成为宝洁历史上最快达到10亿美元销量的品牌。

在健康护理领域的口腔护理品类中，宝洁产品全球份额占有率排名第二，占有率达到20%。比如佳洁士3D亮白系列在开始销售后，持续17个季度全球市场占有率上涨，它也成为宝洁10亿美元俱乐部的一员。

在洗涤、家庭护理领域，宝洁的衣物洗涤用品汰渍、碧浪等品牌占

据全球市场 25% 的份额，在用户体验、产品效果和便捷性上创新的汰渍洗，在洗涤品类中占据 7% 的市场份额。

在儿童、女性用品居家护理领域，宝洁的尿不湿、纸尿裤、婴儿湿纸巾等产品约占据全球市场 30% 的份额，帮宝适作为宝洁最大的品牌，年净销售超过 100 亿美元，护舒宝引领的女性品类则占据全球市场份额的 30%。

另外，宝洁占据全球女性脱毛市场的份额超过 40%，金霸王电池则占据全球市场份额的 25%。能够有如此多的产品品牌在不同的细分领域获得高市场占有率，也难怪宝洁公司能够长期位居世界 500 强企业前列。

市场占有率是一家企业的销售量（或销售额）在市场同类产品中所占的比重，它是企业对市场的控制能力。当企业的市场占有率足够大时，会形成某种形式的垄断，这种垄断既能为企业带来垄断利润又能保持一定的竞争优势。因此，市场占有率是衡量值钱企业是否值钱的一个重要标准。

但是有一点需要特别注意，那就是提起市场占有率，大多数人都只想到市场份额的大小，但事实上，市场占有率的大小只是市场份额在数量方面的表现。市场占有率还有另外一个质量方面的特征，这就是市场份额的质量，它是对企业市场份额优劣的反映。

市场份额质量是指市场份额的含金量，是市场占有率能够给企业带来的利益总和。衡量市场份额质量的标准主要有两个：一个是顾客满

新资本思维： 如何开一家值钱的公司

意率，一个是顾客忠诚率。顾客满意率和顾客忠诚率越高，市场份额质量也就越好，反之，市场份额质量就越差。这一点请不要忽视。

上述三条就是笔者为值钱企业列出的三大标准，只有满足了这三条，一家企业才具备了成为值钱企业的基本素质。

PART 4　值钱企业养成之路

坚信自己伟大的梦想

在了解了值钱企业的标准后，从本节开始我们来看一下做一家值钱企业的实际操作方法，这些方法分别与第三部分的五个步骤相对应。

首先，对企业领导者而言，要树立一个宏伟的企业梦，并坚信这个梦想会实现。

马丁·路德·金曾说："今天，我有一个梦想。我梦想有一天，幽谷上升，高山下降；坎坷曲折之路成坦途，圣光披露，满照人间。"这就是一个伟大的梦想，做值钱企业同样需要这样的梦想。

值钱企业的领导者其实都是梦想家，他们的特质是理想主义者的特质，同时也是思考者的特质。无论企业的规模大小，所有值钱企业的成功都起源于一个梦想，值钱企业的领导者相信今天一个想象的情景可以变成明天的现实，这种信念支撑着他们渡过了各种艰难时刻。

1995年，马云发现互联网可以影响人类生活的方方面面，但它到底会怎样影响人类？马云在当时没有想清楚，只是隐隐约约感觉到这是将来他想干的事。于是马云请了24个朋友到家里，告诉他们自己准备从大学辞职，要做一个互联网公司，他花了将近两个小时来说服这

新资本思维： 如何开一家值钱的公司

24个人，两个小时以后，大家投票表决，23个人反对，1个人支持。马云经过一个晚上思考，第二天早上还是决定辞职去实现自己的梦想。

2000年，互联网刚刚普及的时候，相信马云可以取得成功的人，可谓凤毛麟角。不仅在中国，即便在互联网更为先进的美国，互联网电商的基础依然不完善。2003年5月，马云成立淘宝网后，淘宝根本就没有什么交易量，没有人敢做第一个吃螃蟹的人，更多的互联网用户不敢轻易相信电商模式。

图4-4 阿里巴巴上市纪念T恤

为此，马云和创始人团队选择了"自买自卖"的方式，通过带头买淘宝上的商品，鼓励人们接受更为便利的电商模式。如今，不管是淘宝还是天猫，再也不用担心没有成交量。

PART 4　值钱企业养成之路

曾经，马云不过是一位屡次创业均以失败告终的屌丝青年，淘宝还没有成为中国人网购不可或缺的平台，没几个人知道马云是谁，更不用说华尔街的投资者们了。16年前，马云带着阿里巴巴的创始团队到美国硅谷寻求融资，当然，结果是遭到毫不留情的拒绝，他被拒绝了20多次，因为硅谷的精英根本搞不清马云的想法，或者认为马云不过是个骗子罢了。但是，坚持自己梦想的马云却不曾放弃，否则就没有阿里巴巴辉煌的今天。

马云的偶像是日本电视剧《排球女将》女主角小鹿纯子。他的签名永远是四个字：永不放弃。

2014年，马云又到了美国，相比之前在这里遭遇的狼狈，这一次马云不但不用看别人脸色，反而成为纽约交易所的焦点。2014年9月19日，阿里巴巴在美国纽约证券交易所上市，以218亿美元的融资额创造了美股史上最大规模的IPO，无数投资者趋之若鹜。

在阿里巴巴的上市仪式上，马云携众高管到现场并观看了整个上市仪式，但令人惊讶的是，他并未上台参与敲钟仪式。敲钟前，纽交所主席最后一次问马云：你确定不上台敲钟吗？你不后悔吗？马云肯定地说，只有他们成功了，阿里巴巴才会成功。随后，马云将带有阿里巴巴公司logo的T恤赠送给了在场的嘉宾，上面印着他亲自选的一句话："梦想还是要有的，万一实现了呢？"

当马云在湖畔花园小区的一间小房子里宣布阿里巴巴诞生的时候，他所讲的"要做一个中国人创办的世界上最伟大的互联网公司"的话，

新资本思维： 如何开一家值钱的公司

就连当时在座的"十八罗汉"都不相信，这个伟大的梦想时至今日已经实现了。为什么？因为阿里巴巴的这个领导者始终坚信自己的伟大梦想能实现。

有伟大梦想的人对于未来的憧憬往往始于一个模糊的想法，然后就义无反顾去做了。要知道，很多领域的先驱者并无前人的经验可以参考研究，并无相关的书籍可以阅读，并无成功的案例可以借鉴，他们往往只是想到了某种可能性就开始尝试。当北欧斯堪的纳维亚人准备第一次航行的时候，海上探险仅仅是一个梦想罢了，没有可以借鉴的前人经验，第一个探险的人发现他们的梦想简直是白日做梦，实现愿景要比他们想象的难得多。从另一方面来看，正是因为没有前人的经验，这些先驱者可以创造或发现他们所希望的未来。几个世纪以前那些寻找新大陆的探险者都不是现实主义者，他们的船只很小，供给也很紧张，但是，这些并没有阻止他们前进的脚步。他们的梦想助燃了他们的激情，使得他们英勇地踏上了征服的旅程。

雷军曾经说过这样一句话："不被耻笑的梦想就不是梦想。"

雷军在参加乌镇举行的世界计算机大会时，参加了一个对话节目。台上有七八位嘉宾，其中有马云，也有苹果的高级副总裁Bruce Sewell。主持人问雷军，小米今天的梦想是什么？雷军不假思索地直接说："我希望小米经过5～10年时间，能够在智能手机市场成为世界的老大。"

主持人马上问苹果高级副总裁："你怎么看？"他笑了笑说："it's

easy to say, hard to do。"雷军事后回忆,当时他在台上脸一下就红了。这时主持人又马上问雷军:"你怎么看?"雷军当时真的不知该说什么。他看到了坐在中间的马云,想起了他在阿里巴巴上市的时候讲的极其励志的一段话,于是雷军回答:"梦想还是要有的,万一实现了呢?"

雷军在20世纪80年代后期就想创办一家世界一流的公司,但当时没有条件。到2010年时,他的这个梦想仍然没有改变。怀抱着这样的梦想,雷军办了小米。

为了开一家世界级的公司,雷军在世界范围内找最优秀的人合作,8个创始合伙人中有5个是从美国回来创办小米的,5个海归,3个中关村创业者,平均年龄40多岁。当时几乎没有人觉得40几岁的人还能创业,雷军那时最大的压力是万一弄砸了别人会怎么看自己。但激励他继续前行的还是梦想。雷军曾说:"人生还是要去实现自己的梦想,不管结果怎么样,如果试都不敢试,那人生就没有什么意义。"

2010年4月,小米公司成立;同年8月,MIUI第一版正式内测,小米的梦想开始起航;12月,米聊问世;2011年8月,小米手机1正式发布。至此,小米公司首创的"软件+硬件+互联网服务"铁人三项的互联网手机模式正式形成。

当初那个名不见经传的小公司,如今已经成为市值几百亿美元的值钱企业。在小米成立三周年时,小米公司为最初支持小米的100名用户授予了"100个梦想的赞助商"称号,以此来激励自己继续朝着梦想前进。

新资本思维： 如何开一家值钱的公司

无论是小米还是阿里巴巴，都演绎了把梦想照进现实的桥段，去除外界所赋予的励志色彩，笔者认为更重要的是我们应该从中找到那些值钱企业成功的钥匙，那就是：以伟大的梦想为目标，才有可能让企业拥有伟大的价值。因此，做一家值钱企业的第一步，就是企业领导者要拥有一个伟大的梦想，并对能够实现这个梦想坚信不疑。

那么，想要拥有一个伟大的梦想，就要先了解这个梦想必须具备的条件。我们说，一个伟大的梦想必须具有前瞻性、简洁性和感染力。

首先，你的梦想必须是企业未来的目标。值钱的企业一定是一个能够获得长跑冠军的企业，必定是一家经营未来的企业，是能够屹立于市场百年的企业。因此，你的梦想设定必须站得高、看得远、具有前瞻性。

其次，梦想必须简单清晰。想要把梦想变成吸引人、感召人、鼓舞人的一个口号，就必须简单、清晰、形象、生动。简单的含义就是梦想要能够用几个字或者一句话来概括，容易记忆；清晰则是指明确、要点突出；形象的含义是看得见、摸得着，让人印象深刻；生动则是指语言精美，振奋人心，具有说服力和感染力。比如索尼的"娱乐全人类"、联邦快递的"使命必达"，迪士尼的"生产快乐"等都是人们耳熟能详的"梦想"。

最后，梦想还必须激动人心。梦想是生命的旗帜、是希望的呈现、是命运的召唤，它能使人热血沸腾、热泪盈眶、彻夜难眠；它能激励人、打动人、震撼人、感召人；它能使人为它生、为它死，以它忧而忧、以它乐而乐。试问，你的梦想是否具有这样的力量？

挖人、抢人、诱惑人

一旦拥有了"完美"的梦想，接下来的问题就是组建团队来实施梦想了。在这个过程中，企业领导者需要秉承的是"挖人、抢人、诱惑人"的策略。

三国时期的刘备是把团队建设中"挖人、抢人、诱惑人"的手段运用得最成功的人。刘备组建创业核心团队就是从家喻户晓的刘、关、张桃园三结义开始的，刘备、关羽、张飞初次见面时，刘备就自我介绍说："我本汉室宗亲，姓刘名备，字玄德，今闻黄巾战乱，有志破贼安宁……"在他的自我介绍里既包括"汉室宗亲"的无形资产，又包含"志破贼安宁"的伟大梦想。因此，刘备首先用伟大的梦想诱惑了关张二人，形成了最初的核心团队。

刘备三顾茅庐更是把"挖人"做到了极致。当时，刘备依附于刘表，屯兵新野，在一次拜访司马徽时听他说："儒生俗士，岂识时务？识时务者在乎俊杰。此间自有伏龙、凤雏。"后徐庶又向刘备推荐诸葛亮，刘备本想让徐庶带诸葛亮来见自己，但徐庶却说："此人可就见，不可屈致也。将军宜枉驾顾之。"于是刘备便亲自去拜访，去了三次才见到诸葛亮，最终用诚意打动贤才，为自己的团队获得了一代智囊。

新资本思维： 如何开一家值钱的公司

"抢人"同样也是刘备扩张团队的重要手段。公元209年，刘备攻打荆州各郡，占领了零陵、桂阳、武陵等地，而在攻打长沙时遇到了黄忠。黄忠原在荆州军阀刘表麾下任中郎将，与刘表从子刘磐共守长沙攸县。之后曹操南侵荆州，黄忠统属于长沙太守韩玄手下。后来魏延杀了长沙太守韩玄，投降刘备，刘备深知黄忠骁勇，亲自去黄忠府上将他请出来，黄忠这才归顺了刘备。

通过"挖人、抢人、诱惑人"，刘备组建了当时最优秀的团队，并因此从弱小逐渐变强大，最终与曹操和孙权分庭抗礼。

纵观中国历史，刘备的团队应该算是最为成功的团队之一，刘备打造这个团队所依靠的正是"挖人、抢人、诱惑人"的策略。

在互联网行业兴起后，"挖人、抢人、诱惑人"成为很多值钱公司的团队扩张手段。让我们来看下面的案例。

2010年起，淘宝网在北京成立了"研发中心"，但是阿里巴巴设立的这个研发中心更像是"挖角中心"，目标之一就是百度。这个研发中心的主要工作就是针对百度等公司的技术骨干进行游说，进而设法将其调至淘宝总部所在地杭州。

百度在被挖墙脚的时候，也没闲着。2011年，一家已经与百度合作了3年的猎头公司成功为百度完成了移动互联网部门的建制。2010年这家猎头公司推荐给百度的人才，有七成来自传统互联网领域，三成来自移动互联网领域，而到2011年，这一比例变成了5∶5。这使百度移动部门的员工总数迅速膨胀壮大。而这些人主要来自腾讯、阿里等大公司的相关部门。这些人是百度最喜欢的，因为拿过来就能用，占整个移动部门员工的60%；另外40%则来自专业类的知名公司，比如小米、3G门户等。

除了从腾讯、阿里巴巴挖人外，百度挖人的"绯闻"还有不少。比如2013年盛大文学旗下的起点中文网核心团队集体离职，涉及二三十人。而一家出资亿元挖人的神秘机构在其中扮演了重要角色，据传闻这家机构就是百度。

除了百度和阿里巴巴外，互联网行业的更多企业也同样在相互"挖人、抢人、诱惑人"。

腾讯为了做好电商，也一直在淘宝、一号店等电商平台定向挖人。当时，腾讯对于电子商务的图谋显而易见。腾讯先后投资了包括易迅、好乐买、柯蓝钻石在内的多家B2C购物网站，并且从2010年底开始，重新打造了QQ商城。在电子商务市场上挖人，腾讯瞄准的第一个目标自然是淘宝，并且诱惑的条件非常大方，比如中高级管理层人员，具备淘宝或者其他B2C电商领域经验的，通常一进入腾讯就会有高达数百万甚至上千万的期权。

2011年，团购网站风头正劲，那些拿到融资的团购网站心里都打着同样的算盘，烧钱、挖人、做大影响，迅速冲击上市。

2011年5月，窝窝团CEO徐茂栋获得2亿美元投资后，开始大规模并购和四处挖人，行业竞争对手糯米、美团都是他的目标。这时候无论成功挖到哪一个对手的墙脚，都能增强自己的实力，并且打击对方的士气。

美团网外卖项目的一位经理曾经回忆徐茂栋试图说服他跳槽的情景:"他约我去直隶会馆见面,一下午就我们俩谈,他的人都在楼下等着,不许上来。徐茂栋除了强调绝对放权、许以期权外,还向我描绘了一张上市变现、一夜暴富的美好前景。"当徐茂栋得知时任美团上海城市经理的妈妈崴了脚时,便在这个经理的老家台州雇了四个最好的医生去给他妈妈看脚。

这一系列的举动让窝窝团迅速实现了团队扩张,到了2011年7月,徐茂栋在微博上高调宣布,原美团网上海大区总经理、城市经理以及全国销售冠军等100多名人员加入窝窝团。

"挖人、抢人、诱惑人"实际上是面对人才的三种不同笼络方式,它们所面对的情况不尽相同,因此企业领导者应当根据不同的现实状况选择最为合适的一种。比如挖人通常是从竞争对手的企业里争取对公司具有重大影响的人;而抢人则大多数在对外招聘时发生,表现为与同行业企业竞争优秀人才;诱惑人的方式有很多:高薪、梦想、愿景都可以成为诱惑人的条件。很多企业挖人的招数看上去十分奇葩,但却很有效。

摇摇租车刚创立时,公司缺人。创始人把招聘的重担交给了员工张涛。张涛计划去大公司挖人,有两种人比较好挖,一种是挣钱少的,一种是受委屈的。张涛经过多方打探,了解到一家知名企业的员工常常受委屈，于是手写了一块招聘广告牌，像在机场出口处接人那样，天天站在那家公司的大厦门口。不少受委屈的员工看见张涛和他的那块广告牌，纷纷上前和他聊天诉苦。就这样，他挖到几个核心员工，完成了公司早期团队的组建。"云报销"的张潇雨在还没有产品和团队的时候就为"云报销"找到了投资，然后才开始组建合伙人团队，但是人并不好找，项目启动大半年了他还是光杆司令。

后来，张潇雨看中了一个朋友的朋友。为了搞定她，张潇雨用上了追求女生的技能。张潇雨花了一周时间把她过去五六年的豆瓣、微博、微信朋友圈的上万条信息全看了一遍，并读了她的所有博客，还分析了她近五年的读书记录，弄清了她这几年的关注点和兴趣变化。

随后，张潇雨花了半天的时间写了一封近5000字的邮件给这个目标合伙人。在邮件里，他没有吹捧这个市场有多大，也没有忽悠公司有多好的前途，而是不断引用这位女士在文章里或微博里写过的某些话。然后告诉她，他们的想法是一样的，价值观是契合的，强调只有这样的人一起创业才能在遇到困难时一起度过。

之后，张潇雨借助一个做公众演讲的契机，特意邀请了其他团队成员和这位潜在合伙人。事前，张潇雨花了不少时间准备，还看了一本关于如何演讲的书。最终，演讲的效果很好，而这位潜在的合伙人不仅进一步了解了张潇雨，还和整个团队第一次见了面。大家在不那么正式的场合一起聊天，气氛很融洽。几天之后，这位潜在合伙人就和张潇雨说，她决定正式加入他的团队。

新资本思维： 如何开一家值钱的公司

做一家值钱企业没有人才肯定不行，获得人才的方式有很多，无论采用何种方式，目的都是为了企业的发展。值钱的企业应迅速找到那些值钱的人，并不惜一切代价把他们纳入自己的团队，使之为自己的企业效力。

PART 4　值钱企业养成之路

融到花不完的钱

小米公司的雷军曾说，他从阿里巴巴10多年创业的历史中总结出了阿里巴巴成功的三点原因：第一点是找到了一个巨大的市场；第二点是找到了一群靠谱的人；第三点是相对同行而言拥有一笔永远也花不完的钱。

雷军所说的"花不完的钱"指的是什么？是机构投资者的钱。对于一家企业尤其是创业型企业来说，找钱是很难的。找钱没有太多的技巧可言，最重要的是你怎么能让投资者相信你的企业要做一件伟大的事情，而且一定会成功。

VANCL 凡客诚品

图 4-5　凡客诚品品牌标识示意图

2007～2013年，凡客在6年里一共有7轮融资，甚至首轮融资到账时，凡客还没有上线。

VANCL（凡客诚品）由卓越网创始人陈年创办于2007年。凡客最

新资本思维： 如何开一家值钱的公司

早一轮 VC 融资是 2007 年 10 月融到的 200 万美元，由 IDG 和联创策源投资。凡客在对外公布首笔融资后，凡客才正式上线。

随后的 2008 年 1 月，软银赛富给凡客投了 1000 万美元；同年 7 月，启明创投又联手 IDG 投了凡客约 3000 万美元。也就是说，在凡客上线后 9 个月的时间里，就已完成了 4200 万美元的融资。

2008 年 8 月，北京奥运会期间，凡客推出"精英 100 系列"网络广告。在这个系列的广告中，刘韧、羊东、祝志军以及现在创新工场的张亮等，都是凡客的代言人。陈年说，摒弃娱乐明星而找 IT 精英做代言，就是要"让梦想成为可能"注入"凡客"的精神。

随后凡客开始大规模宣传，其中最重要的广告渠道是路牌广告。在广告创意设计上，陈年在连续听了 40 多家广告公司的提案后，最后选中了"我是凡客"这个提案。陈年说，这个提案本来是要做视频的，脚本也原本是视频的台词，只是后来觉得台词不错，就直接贴到广告牌上了，于是有了后来的"凡客体"。

2010 年，"凡客体"获得爆炸性成功，这也让凡客迎来了第五轮融资。2010 年 5 月，老虎基金以 5000 万美元投资凡客。老虎基金也是当当的投资方，在凡客之前，老虎基金还投资了京东商城。

2010 年 12 月，与上轮融资相隔半年，凡客又迎来了联创策源和 IDG 等老股东的 1 亿美元融资。

2011 年底，陈年再次宣布获得第六轮 2.3 亿美元融资，由淡马锡、中信产业基金、嘉里集团领投，IDG 跟投。

仅仅沉寂了一年,凡客CEO陈年在2013年底的公司年会上宣布凡客完成了第七轮融资,融资规模超过1亿美元,包括淡马锡、联创策源、IDG、软银赛富在这轮投资中均进行了跟投。

7轮融资超4亿美元,最高估值达到过30亿美元,凡客诚品很显然就是通过融到花不完的钱来发展壮大的。然而随后几年,凡客自由落体式的衰落则进一步表明了资本市场对于值钱企业的重要性。

2011年底,凡客原本已经向美国证监会提交了招股说明书,但后来又暂停了IPO,回头看,2011年无疑是凡客最好的上市时机,然而凡客却错失了这一良机,这直接导致了凡客的衰败,并且从那一刻开始凡客距离资本市场越来越远。另一家企业与凡客的开始非常类似,但结局却大相径庭。

图4-6 唯品会品牌标识示意图

2008年年底唯品会网站上线,这是一家专门做特卖的网站,主营

新资本思维： 如何开一家值钱的公司

业务为在线销售品牌折扣商品，涵盖名品服饰鞋包、美妆、母婴、居家等各大品类。2012年3月，唯品会在美国纽约证券交易所上市。

唯品会之所以能够迅速上市，与其引入资本所带来的快速发展密不可分。

唯品会早期，并不像现在这样广受关注，反而因为土气的页面和被称之为"清理下水道"的商业模式，让大部分投资人不看好。当时，唯品会并不像传统电商网站那样设置搜索页面，这一点也经常被投资人拿来质疑。唯品会的董事长沈亚第一次跟红杉资本接触时也被拒绝了，原因是红杉认为他开出的价格"太贵了"。

但红杉中国董事总经理刘星倒是理解了唯品会的商业模式，于是在拒绝唯品会的几个月后，刘星赶往广州，与沈亚敲定了第一轮融资的方案。2010年11月，红杉和DCM共同向唯品会投资2000万美元，时隔一年后，红杉向唯品会追加了5000万美元的B轮融资，唯品会的估值达到了5亿美金。

在成立两年多之后，唯品会得到了资本方的青睐。在得到两轮千万级投资之后，公司实现了爆炸式增长，订单总量从2009年的7.1万件增长到2011年的726.9万件，2011年平均每个活跃用户所创造的营收为152美元，比2009年翻了将近一倍。平均每个用户的订单量也在稳步增长，从2009年的1.9件上升到2011年的4.9件。2009～2011年的毛利润为23万美元、321万美元和4334万美元，毛利率分别为8.2%、9.8%、19.1%，处于一个持续上升的状态，其中2010～2011年毛利率上升幅度较大，增长了将近一倍。

PART 4　值钱企业养成之路

2012年3月，创立仅三年多的唯品会赴美上市，创造了电商网站最快上市纪录。一开始，沈亚并不愿意这么快上市，而红杉认为上市能够帮唯品会迅速在供应商和顾客中间建立品牌，并说服了沈亚。事实证明，这是对的。从公司创建至上市，唯品会仅仅用了三年时间，唯品会上市的发行价为6.5美元，融资额达到了7264万美元。

对于企业来说，自己的钱总有花完的一天，而机构投资者的钱却是取之不尽用之不竭的。但想要融到花不完的钱，就必须能够打动机构投资者，无论是梦想、模式还是产品。

那么，想要从投资者那里融到花不完的钱，有哪些方法呢？

首先，你应当拟定一个潜在投资人的名单。融资就是一个"数字游戏"，除非你的用户增长速度能赶上京东或者阿里巴巴，否则的话，投资人是不会自己找上门来投资你的，你仍然需要创造与投资人会面的机会。因此，拟定一个潜在投资者名单，从中选出最有可能对你投资的人，这是你要做的第一件事。

为什么要这样做呢？原因就在于，在投资界，投资人最终承诺进行投资的比率是5%，这也就是说，如果你的目标是让10位天使投资人参与种子轮融资的话，那么在最初的名单上就需要有200位天使投资人。

其次，你要过滤和优化这份投资者名单。融资实际上是一个自我推销的过程，因此一定要精心挑选自己苦心追求的人。经常有融资者与"早期投资人"见面，最终却发现对方对自己不感兴趣，结果白白浪费

新资本思维： 如何开一家值钱的公司

了时间。因此，对初始投资人名单进行优化就显得十分必要，它能够帮助你节省大量宝贵时间，避免许多令人很头疼的事情。比如你过滤投资人的条件可以是"已投资过竞争对手、没有投资预算、投资阶段不同、投资地区不同或者名声不好"等等。

根据经验，最好是将原始目标名单中的 25%～30% 的投资人剔除。如果能做到这一点，那么融资成功的概率将显著提高。

接下来就是第三步，即想办法与目标投资人产生关联。最好是通过双方都认识的中间人"牵线搭桥"。实际上，由之前曾给投资人赚过钱的创业者引荐，是最理想的。若想做到这一点，就必须了解目标投资人和你是否有共同的朋友。

如果和对方没有共同认识的人，那么还可以看一看这位投资人的投资组合，然后去联系获得过他投资的公司的创始人。首先要与其建立融洽的关系，向他们打听这位投资人喜欢与什么样的人合作，以及他们所能创造的价值，然后再请求对方引见。如果你与投资人无法产生任何关联，那么就只能直接与投资人取得联系，但这种做法成功的概率很低，大概只有 1% 左右的投资人会抽很短的时间和你面谈。

与投资人的每一次会面，可能都会产生一些后续问题需要解决，由于潜在投资人名单上的投资人数量不会太少，因此你还必须保证把这些问题都记录清楚，以便在今后深入会面时回答投资人的这些问题。

此外，在会见投资人之前，还应该准备融资演讲的 PPT 以及公司未来财务预期和准备事项等材料。

与投资人面对面沟通的过程是非常重要的，马云只用了6分钟就得到了孙正义的投资，可见沟通的时间长短并不重要，沟通的内容才是关键。

一旦融资活动全面展开，就要尽快去推动它，最好的方法就是多与投资人会面，比如每周或者每天都要安排会面，直到获得融资。投资人可以感受到融资者对项目是否充满热情，频繁的会面能够增加你的吸引力。相反，如果融资活动拖拖拉拉，而且始终缺乏热情，那么投资人也能察觉到这种情绪，进而放弃对你的投资。

综上所述，想要融到花不完的钱并不是一件容易的事，但是对于做一家值钱企业的目标而言，又是必须要做到的事，因此作为企业领导者必须做好经常会见投资人的准备。

新资本思维： 如何开一家值钱的公司

完善顶层股权设计

想要获得机构投资者的钱，很重要的一点就是企业必须要有清晰而完善的股权结构，很多初创型企业往往对股权问题并不十分重视，但是投资者会非常重视这一点。这是因为，机构投资者投资一家企业必然要占据一定的股份，但一般情况下，这个股份所占比例并不会太大（通常在30%以下），原因在前文已经讲过，这里就不再赘述了。为了保证自己的投资利益，机构投资者会非常关注企业的股权结构，比如股东都是谁，股权的分配情况如何等。

股权结构是股份公司总股本中不同性质的股份所占的比例及其相互关系。股权即股票持有者所具有的与其拥有的股票比例相应的权益及承担一定责任的权力。

机构投资者同样关心股权退出机制，因为随着企业的不断发展，有些企业创始者会因为家庭、能力、愿景等原因离开或跟不上企业的发展。如果没有一套明确的股权退出机制来实现吐故纳新，那么当发生这样的情况，尤其牵扯到创始人股权的退出时，就非常容易给企业带来大灾难，在创投圈这种事情屡见不鲜。许多同学搭班子、分股权时哥们义气为先，但后果往往是兄弟成仇、夫妻反目。投资人最不愿意看到这样的情况发生，因此对股权问题投资人会提前拿到桌面上来说。

吴长江是雷士照明原董事长，1998年吴长江创办了惠州雷士照明有限公司，梦想把雷士照明打造成一家世界级照明用具企业。吴长江由于性情豪放，颇具义气，被媒体称之为草莽英雄。

图4-7　雷士照明品牌标识示意图

2005年，"雷士"在市场上迅猛崛起，但企业内部却经历了一场大多数民营企业都曾经历过的"地震"。三个股东之间产生了严重的分歧。其他两个股东认为，前几年一直在投入，现在赚钱了应该分红；而吴长江认为，企业做得还不够大，赚来的钱应该再投入。

双方互不让步，股东之间最后摊牌。1998年底，吴长江出资45万元，他的另外两位同学杜刚与胡永宏各出资27.5万元，他们以100万元的注册资金在惠州创立了雷士照明。从股权结构看，吴长江占45%的股份，另两人共同占55%的股份。

由于对方占有55%的股份，吴长江只有45%的股份，虽然对方并不参与管理，但为了平衡关系，吴长江让出了董事长的位置，他被要求领走8000万元后彻底退出"雷士"。

然而，就在吴长江签订协议退出后的第3天，事情发生了戏剧性的

新资本思维： 如何开一家值钱的公司

变化，吴长江刚离开惠州，就接到了一位供应商的电话，让他赶紧回公司。

一回到惠州，他就被带到了公司会议厅。厅内，全国各地200多个供应商和经销商，还有公司的中高层干部，黑压压地挤满了屋子，另外两个股东被围在中间，现场还挂着"雷士战略研讨会"的横幅。

大家决定举手表决吴长江的去留，结果全票通过让他留下。另两个股东表示退出。由供应商、经销商"反水"，决定一个企业高层的去留，这企业发展史上尚属首例。

曾几何时，自信满满的吴长江一度认为，创始人没必要绝对控制公司，否则就是对企业的不负责。

吴长江在事后曾说："绝对控制的话，当你做决定的时候谁也不敢反对你，谁都不敢提出反对意见，这个时候你可能一拍脑袋的一个决策，就会导致公司损失惨重，甚至毁灭，所以我开始设计股权比例时就没让自己绝对控股，否则最早创业时我完全可以拿51%甚至更多的股份，那就不会出现今天这种状况了。"

很显然，导致吴长江被驱逐的最重要原因，就是企业起步时的股权设计出了问题。对于投资人而言，最怕出现这种情况，投资人投资后，企业一旦发生"内部分家"，投资人的利益就无法得到保障。从这个案例，我们看到了顶层股权设计的重要意义。

从影响机构投资者投资决定的因素来看，公司的所处行业、成立时间、注册资本、研发支出等基本情况，对机构投资者都有一些影响，但并不起决定性作用。

除了企业的财务状况、盈利水平和成长性这些需要考虑的重要因素外，第一大股东持股比例、第一大股东及其关联股东关系类型、股权制衡度等股权结构方面的因素，都会对机构投资者的投资决定产生重要影响。比如，股权制衡度高的企业更容易吸引机构投资者，他们投资的资本量会更多，持股比例和成本都会更高，进入时间也会更长。很显然，实际控制人为一致行动人的企业比家族控股的企业更能吸引机构投资者。从交叉影响因素来看，对于以下三类实际控制人关系——一致行动人、家族成员、无关联股东——的企业来说，财务状况和股权制衡度是机构投资者最为关注的因素。

既然股权设计如此重要，那么，怎样完善顶层股权设计呢？

在进行股权结构设计之前，企业领导者必须清楚地认识到股权结构不是简单的股权比例或投资比例，它的设计应该是以股东股权比例为基础，通过对股东权利、股东会及董事会职权与表决程序等进行一系列调整后的股东权利结构体系。

首先，股权是一种基于投资而产生的所有权。企业的管理权来源于股权或基于股权的授权，企业的决策来源于股权。股东只要有投资，就会产生一定的决策权利，差别在于决策参与程度和影响力。

取得决策权的股东是法律上的控股股东。成为控股股东的方式有两种：一是实际出资达 50% 以上；二是实际出资没有达到 50%，但股权比例最大，再通过吸收关联股东、朋友股东、近亲属股东等形式，以联盟形式在企业里形成控股局势。

如果没能通过以上两种方式成为企业的控股股东，该如何对企业进行控股呢？这种情况，需要在企业成立之初，在企业章程里写明控股方式。比如自己有一定的市场优势或技术优势，通过这些优势弥补投资资金上的不足，以此来换取表决权。

在股权结构设计中，股权的弱化或强化的出发点应当基于对实际投资人利益的保护，以及吸引优秀人才来考虑。常规的股权设计遵循的是同等出资、同等权利，但如果遇到隐名股东、干股等情况，一旦有人诉求其完整股东权利或要求解散企业并要求分配剩余资产时，就会将企业推向危险的境地，这是投资人绝对不愿意看到的。因此，股权设计必须运用章程、股东合同等形式予以约束，明确相关股东之间的权利取舍，才能有效避免日后产生纠纷。

股东会与董事会是常见的企业重大事宜表决部门，但如何设计表决的形式及程序需要依据企业的实际情况而定。有些企业会规定股东对外转让股权时，全体股东 2/3 表决通过才可以；有些企业则会对股东死亡后其继承人进入公司决策层及管理层的表决比例或时限做出特别限制……

股权结构是一家企业治理结构的基础，企业治理结构则是股权结构的具体运行形式。不同的股权结构决定了不同的企业组织结构，从而决定了不同的企业治理结构，最终决定了企业的行为和绩效。股权结构作为企业内部治理的主要组成部分，必然会影响专业机构投资者对企业的风险评估。

以上市为目的设计并购计划

融资、并购、上市,曾被称为企业资本运作的经典三部曲,企业融资做并购交易,通过并购来满足上市条件,最终实现在国内外上市的目的,这是一条助力企业快速发展的捷径,也是机构投资者最喜欢的企业运作方式。

在前文我们已经强调过,做一家值钱企业一定要通过伺机并购来发展壮大,最终的目的是拥抱资本市场。从值钱的思维这个角度来说,在企业资本运作三部曲中,并购是核心,融资是为并购做准备,就连上市也只是阶段性目标,上市之后还是要接着并购来实现更大的发展。

上市前的企业并购是指通过一系列正确高效的横向并购整合,来做大企业规模与实力,以满足资本市场对准上市企业的成长性等要求。为了实现这一目的就必须制订相应的并购计划。

在这个并购计划里,首先要选择与自身有互补性的企业作为并购的目标,只有这样的企业才能与自身实现协同效应,为将来上市后企业的表现奠定坚实的基础。

其次,要重视目标企业并购之后的整合工作,并购的核心是整合,没有整合的并购毫无意义,那些追求并而不合的并购方企业除非有更高明的整合策略,否则是注定要并购失败的。

最后,一定要借助专业机构。并购、上市这些复杂的交易需要专业的中介机构来辅助进行，那种一人包打天下的思想并不适合资本运作，因此整合尽可能多的专业资源，是并购成功的重要条件。

企业以上市为目的的并购必须要有利于上市，比如要符合上市的要求，包括持续运营要求、营利性要求等。

为了防止企业拼凑业绩、将劣质资产装入上市主体、大股东套现，证监会对合并重组做出了一系列规定。这些规定包括：企业上市前并购重组能够提升公司整体运营效率，规范企业运作，优化公司治理，避免不能给企业未来带来相关收益的业务及不良资产装入拟上市主体；上市前并购重组应当满足突出企业主营业务的要求，因此并购应当避免并入不相关业务；出于保持企业独立性的并购，即并购能够有效地减少关联交易，将产业上下游的关联企业纳入上市主体；避免同业竞争，并购能够有效地消除同业竞争；避免实际控制人发生变化，避免管理层发生重大变化；持续运营的要求等。

图 4-8　深圳佳士科技品牌标识示意图

PART 4 值钱企业养成之路

深圳佳士科技（股票代码：300193）股份有限公司于2010年成功在创业板上市。佳士科技的主营业务为焊割设备的研发、生产和销售。

2009年12月底，佳士科技设立全资子公司重庆运达，购买了运达机电拥有的与内燃发电焊机业务相关的全部资产。资产购买前，佳士科技主要从事逆变焊机的研发、生产和销售，在全球范围内拥有完善的销售网络。运达机电的内燃发电焊机，多数使用逆变技术，同属焊割设备行业，在技术水平和性能上处于国内领先水平。该产品在铁路系统和石油管道建设系统有较高的品牌知名度，是铁路系统合格的焊接设备供应商。本次资产购买完成后，一方面佳士科技可以完善产品线，丰富产品结构，可以凭借内燃发电焊机在铁路系统和石油管道建设系统的知名度，推广公司逆变焊机产品；另一方面内燃发电焊机可以凭借佳士科技强大的销售网络扩大销售，尤其是可以实现产品出口由无到有的转变，进一步增强产品的海外知名度。

佳士科技与运达机电在技术上具有较强的互补性，主要体现在核心技术的互补性、焊接技术的互补性以及产品制造的互补性上，因此这次资产并购并没有影响佳士科技的上市进程，反而使企业在行业内的竞争力大幅提高。

企业上市前的并购策略一般而言有以下几种。

1. 完全接纳并购重组。即把被并购企业的资产与债务整体吸收，完全接纳后再进行资产剥离。这种方式适用于具有相近产业关系的竞争对手，或者是产品上下游生产链关系的企业。由于并购双方兼容性

强、互补性好，并购后既扩大了生产规模，同时又减少了竞争对手之间的竞争成本。

2．吸收股份并购模式。即被兼并企业的所有者将被兼并企业的净资产作为股金投入并购方，成为并购方的一个股东。并购后，被兼并企业的法人主体地位将不复存在。

3．资产置换式重组模式。这种并购方式是企业根据未来发展战略，用对企业未来发展用处不大的资产来置换企业未来发展所需的资产，这种方式可能导致企业产权结构发生实质性变化。

4．合资控股。合资控股又称注资入股，即由并购方和目标企业各自出资组建一个新的法人单位。目标企业以资产、土地及人员等出资，并购方以技术、资金、管理等出资，占控股地位。目标企业原有的债务仍由目标企业承担，以新建企业分红偿还。这种方式严格说来属于合资，但实质上出资者收购了目标企业的控股权，属于企业并购的一种特殊形式。

企业上市前实施并购，其目的就是通过并购迅速扩充企业体量，使得企业能够符合资本市场对上市公司主体资格的要求，为上市打下良好的基础。

一般来说，中国的企业上市前进行并购主要有以下几个目的。

第一，突出主营业务。如果企业想要登陆A股市场或者创业板，那么证监会对主板的要求是主营业务突出，对创业板的要求是主要经营一种产品。因此，企业并购重组很重要的原因就是将不相关业务剥离，将相关业务纳入到上市主体中来，从而达到主营业务突出或主要经营一种产品的目的。

第二，实现公司独立运作。这种独立运作包括资产独立、业务独立、机构独立、财务独立和人员独立等。

第三，规范关联交易以及同业竞争。证监会要求拟上市企业消除同业竞争，减少关联交易。因此，在上市前并购重组的过程中，企业可以将同业竞争或关联交易金额比较大的公司吸收到上市主体中，或注销同业竞争公司和关联公司。

第四，提升企业整体的运营效率。通过上市前并购重组和企业改制，建立完善的股东大会、董事会、监事会以及经理层规范运作的制度，建立完善的、合法合规的财务会计制度，促进企业管理水平的提升、业务流程的优化，从而提升公司整体的运营效率。

让我们来看下面的案例。

木林森（股票代码：002745）股份有限公司由孙清焕于1997年创立，是一家国内领先的LED封装及LED应用产品为一体的综合性光电LED新技术产业公司，专业生产全系列光电器材，业务主要包括LED封装及应用系列产品的研发、生产与销售，是国内LED封装及应用产品的主要供应商，产品广泛应用于家用电子产品、灯饰、景观照明、交通信号、平板显示及亮化工程等领域。

2007～2009年，木林森通过并购的方式陆续收购了吉安木林森、格林曼、迪博、威莱森、安格森、赛维视觉等公司的股权，使它们成为木林森的控股子公司。这些被收购的公司大部分是木林森在资金实力较弱、经营规模较小时设立的，主要目的是吸引资金和人才，促进公司业务的发展，由公司实际控制人孙清焕与其他自然人共同投资设立。木林森有上市规划后，在报告期内逐步将上述公司纳入了上市主体中。

比如在2008年，木林森收购了吉安木林森。吉安木林森主要从事LED封装产品生产及作为木林森部分产品的委托生产加工基地。吉安木林森成立于2003年5月，注册资本为1080万元，其中，孙清焕出资712.80万元，出资比例为66%，张建军出资367.20万元，出资比例为34%。2004年7月，吉安木林森股东会通过决议，同意张建军将其持有的吉安木林森2%的股权转让给孙清焕，股权转让后，孙清焕占股比例为68%，张建军占股比例为32%。2008年1月，吉安木林森股东会通过决议，同意孙清焕按照原始出资为作价依据分别将其持有吉安木林森55%的股权按594万元价格转让给中山木林森、13%的股权按140.40万元价格转让给张建军。中山木林森股东会同意按原始出资额594万元收购吉安木林森55%股权。中山木林森与孙清焕签署了《股权转让协议》。2008年3月，吉安木林森完成了有关本次股权转让的工商变更登记手续，成为木林森公司的控股子公司。

上市前夕木林森又以同样的方式收购了格林曼、迪博、威莱森、安格森、赛维视觉等公司的股权。格林曼主要从事LED下游应用产品灯饰的生产及销售；迪博主要从事LED下游应用产品节能灯的生产及销售；威莱森主要从事 LED 封装产品出口贸易；安格森主要从事 LED 封装产品国内贸易；赛维视觉是公司的海外代理销售公司。

上述案例中木林森收购几家公司的目的在于消除同业竞争，同时，由于这些公司是木林森的上游代工厂、下游销售公司等上下游的关联企业，通过收购有效地减少了关联交易。尽管收购上述企业给木林森带来的利润几乎可以忽略不计，甚至带来了巨大的资产负债率，但出于规避同业竞争和关联交易的目的，这几次收购可以看作是典型的为了符合上市条件的收购行为。

新资本思维： 如何开一家值钱的公司

一切围绕合法的 3000 万元账面利润开展工作

前文我们已经提到，如果一家企业合法的账面利润达到 3000 万元，那么全球任何资本市场都会接纳。

香港主板对企业盈利能力的要求是"最近一个年度的盈利须达到港币 2000 万元，而前两个年度的盈利总和不少于 3000 万元"；

中国 A 股市场对企业盈利能力的要求是"最近三年连续盈利，累计超过人民币 3000 万元"；

新加坡证券交易所主板对企业盈利能力的要求是"最近一个财政年度的综合税前利润至少达到 3000 万新加坡元"；

台交所对企业盈利能力的要求是"最近三个会计年度之税前利润达新台币 2.5 亿元以上"；

纽交所对企业盈利能力的要求是"过去 3 个财政年度累计税前利润 1 亿美元，最近两个财政年度每年不少于 2500 万美元"；

纳斯达克对企业盈利能力的要求是"总资产/总收益标准为 2000 万美元"；

……

综上所述，我们可以看到，能够持续盈利是企业上市的一项基本要求。企业的盈利能力主要体现在收入的结构组成及增减变动、毛利率的构成及各期增减、利润来源的连续性和稳定性等三个方面。

从企业自身经营来看，决定企业持续盈利能力的内部因素主要包括核心业务、核心技术、主要产品及主要产品的用途和原料供应等。从企业经营所处环境来看，决定企业持续盈利能力的外部因素主要包括企业所处的行业环境、在行业中所处地位、市场空间、企业的竞争特点及产品的销售情况、主要消费群体等。企业的商业模式是否适应市场环境，是否具有可复制性，这些决定了企业的扩张能力和快速成长的空间。另一方面，企业的盈利质量则与企业营业收入或净利润对关联方是否存在重大依赖？盈利是否主要依赖税收优惠、政府补助等非经常性损益？客户和供应商的集中度如何？是否对重大客户和供应商存在重大依赖性等因素息息相关。

阿里巴巴集团于2013年3月7日宣布将筹备成立阿里小微金融服务集团（又称蚂蚁金服），其主要业务涉及支付、小贷、保险、担保等领域。

蚂蚁金服在A轮融资近18.5亿美元（约合120亿元人民币）的短短10个月后，又于2016年4月宣布完成B轮融资，此轮融资额超过45亿美元（约合292亿元人民币），这轮融资使蚂蚁金服的估值上升到了600亿美元（约合3885亿元）。紧接着2017年1月，蚂蚁金服以约8.8亿美元对美汇款服务公司MoneyGram（速汇金）实施了并购。

图 4-9　蚂蚁金服品牌标识示意图

此前,尚处于筹建过程中的蚂蚁金服曾公布过目标股权架构,即 40% 由员工持股,另 60% 股权将引入外部战略投资者。A 轮融资后,外部战略投资者持股共逾 8%,而 B 轮融资后,蚂蚁金服的外部战略投资者持股比例已超 15%。

同时,蚂蚁金服已实现了连续 3 年盈利,符合 A 股主板上市条件,也就是说蚂蚁金服已经具备了随时启动 IPO 的条件。

据此前一份蚂蚁金服融资推介材料显示,该公司 2014 财年营业收入 101.5 亿元人民币,较 2013 财年同比增长 91.6%,调整后净利润 26.3 亿元人民币,净利润率为 26%。

以余额宝为例,主要产生三部分收入,即基金管理费、银行托管费、销售服务费。蚂蚁没有像其他机构那样自己出钱补贴市场，以抬高收益率、争抢市场份额，因此余额宝一直处于盈利状态。

蚂蚁金服的利润来源除了支付手续费、小贷业务利差、相关服务费等与传统金融机构类似的板块之外，还包括蚂蚁金服此前投资恒生电子、天弘基金等公司的收益。

蚂蚁金服在成立后的短短3年多里便实现了资本市场对上市企业的利润要求，具备了随时上市的条件。除了打造丰富的产品线外，蚂蚁金服还完成了两轮融资，并且在2017年初实施了并购，这些举措有效地提升了蚂蚁金服的企业估值，使其有充足的资本去完成盈利目标。当这一切都顺利实现后，资本市场已经在向它招手了。

由此看来，企业想要走向资本市场，账面利润3000万元是一个基础目标，做值钱企业就要以此为目标来开展工作，保证企业的每一个发展战略都与此息息相关，这就是把企业越做越值钱的捷径。

尾声

做值钱企业,改组企业基因

新资本思维： 如何开一家值钱的公司

在本书的尾声部分，笔者要再次重申书中最为重要的一个观点，那就是赚钱企业与值钱企业的区别——产品利润思维模式与资本利润思维模式。目前绝大多数企业仍然在用产品利润思维做企业，如果这些企业再不改变将很可能出现问题。

以前是产品需求旺盛的时代，而如今则是同质化竞争的时代，产品利润正在一天天降低，降到几乎没有利润。造成利润越来越微薄的最根本原因，就是出现了一些以值钱企业模式运作的企业。以360公司为例，它的产品是免费的，不赚钱，但它赚的是流量，通过产品做入口来引流做生态。它的出现让原本利润丰厚的杀毒软件行业无法再享受利润盛宴，用户都去用360公司的免费杀毒软件，其他同行企业的付费杀毒软件自然就卖不出去了。

与微薄的产品利润相比，资本利润却越来越丰厚。热钱遍地皆是，投资者们对行业投资趋之若鹜，只要企业具备投资价值，必然会有资本流入。值钱企业就是依靠吸引资本来获得利润，从这一点来看，赚钱企业与值钱企业在利润层面的关注点是完全不同的。

尾声　做值钱企业，改组企业基因

本书所喊出的口号就是"做一家值钱的企业"，因为这已经关系到了企业的生死存亡。为了实现这一目标，如果是创业公司就必须在一开始就为企业注入值钱思维，如果是已经拥有赚钱思维的企业，那么必须做出改变，这个改变的起始点就是——改组企业基因。

改组企业基因首先要从改变企业领导者的思维开始，企业领导者一定要坚定上市的想法，同时把有限公司变成股份有限公司，然后就是找到靠谱的辅导及保荐机构，继而把企业带入资本化的市场里。

然后，企业的运营重心要从赚取产品利润转变为赚取资本利润，以最快的速度获得机构投资者的关注，从而实现融资扩大企业体量、提高市场占有率、消灭竞争对手。与资本携手，让你的企业拥有比竞争对手多得多的胜算。

如此一来，你的企业就能够在这个残酷的市场环境里存活下来，甚至能够活出风采，活出尊严，活出气概。